KB234162

효과적 열정

© 안효열 · 유옥형 2013

1판 1쇄 | 2013년 10월 1일
지은이 | 안효열
엮은이 | 유옥형
펴낸이 | 강민철
펴낸곳 | ㈜컬처플러스
편집 · 교열 | 박유나
디자인 | Gem
홍보 · 마케팅 | 김미화
출판등록 | 2003년 7월 12일 제2-3811호
ISBN | 978-89-955130-9-5 03230

주소 | 100-272 서울시 중구 퇴계로 39길 7, 윤미빌딩 5층(필동 2가)
전화번호 | 02-2272-5835
팩스 | 02-2264-9021
전자메일 | cultureplus@hanmail.net
블로그 | http://blog.naver.com/cultureplus
홈페이지 | www.cultureplus.com

값 15,000원

효과적 열정

효과적 열정

지은이 안효열 • 엮은이 유옥형

컬처플러스

남편이 아침마다 무릎꿇고 하나님과 나누었던 대화들…

참 감사하게도 많은 분들이 아직도 남편을 그리워하고 또 남편에 대해 자주 말씀하시는 것을 본다. 그리고 더 오래 함께하지 못한 것에 대하여 진심으로 아쉬워하는 모습을 보며 마음 깊이 위로를 얻곤 한다.

분당 휴맥스 홀에서 남편의 추모 1주년 기념예배를 드리던 날, 그가 아침마다 썼던 기도노트들과 묵상집들 중 몇 권을 전시했었다. 그 때 여백 없이 빽빽하게 쓰여진 노트들을 본 태경장학회 박철 이사장님과 로운의 황현모 감독님이 기도노트와 묵상집을 보고 그냥 묻어두기에는 아까우니 정리해 책으로 엮어보자고 적극 권유하셨다. 선뜻 결정하지 못하는 내게 확신을 안겨 주는 말씀을 해 주셨다.

"안효열 형제의 삶이 많은 사람들에게 좋은 영향을 주었고 그런 영향력이 그의 기도와 말씀묵상에서 비롯되었다면 그의 묵상집을 보다 많은 사람들이 공유하면 좋지 않겠습니까?”

그 말씀에 용기를 얻어 이 책을 출간하기로 결심하게 되었다.

책의 제목인 ‘효과적 열정’이란 내가 남편에게 붙여준 닉네임인데, 부부사역 때 그의 이름 안효열로 삼행시를 짓다가 나온 것이다. 남편이 참 좋아했던 별명이었고 꼭 그 별명대로 살았던 것 같다.

이 책은 ‘효과적 열정’ 남편이 매일 아침마다 무릎 꿇고 하나님과 나누었던 기도와 묵상내용을 그대로 옮겨 놓은 것이다. 함께 살면서도 그가 아침마다 하나님과 어떤 대화를 하는지 알 수 없었는데 그가 떠난 후에야 비로소 남겨진 기도노트들을 읽으며 알게 됐다.

그의 기도가 끝난 것이 아니라 지금도, 앞으로도 계속 이어질 것이라는 믿음으로 책에 옮기게 됐다.

이 책이 엮어지기까지 고마운 분들이 참으로 많다.

먼저, 남편의 기도가 한 권의 책으로 나오도록 물심양면으로 도와주신 박철 이사장님과 친구 안효열의 기도노트를 꼼꼼하게 읽

으며 출판의 모든 과정을 세심하게 준비하고 멋진 삽화로 책을 빛
나게 해 주신 황현모 감독님께 진심으로 감사드린다. 힘든 기억을
되새겨야 했음에도 불구하고 '효과적 열정'을 펴낼 수 있었던 결정
적인 역할을 해 주셨다.

또 소중한 유산과도 같은 그의 묵상과 기도를 아름답게 펴내주
신 컬처플러스 강민철 대표와 김미화·박유나 주임 그리고 디자인
Gem에게도 감사의 말씀을 전한다.

아무리 어려운 상황에서도 긍정의 힘을 낼 수 있도록 키워주신
존경하는 나의 어머니와 글을 쓰기 위해 다시 꺼내야 했던 가슴 아
팠던 순간들을 즐겁고 아름다운 기억으로 무게중심을 옮기게 해준
사랑하는 서형이와 혜주, 그 깊이를 알 수 없을 만큼 큰 상실감과
아픔을 겪으셨을 텐데도 담담하게 잘 이겨내고 계신 어머님이 내
든든한 가족이어서 참 감사하다.

이 밖에 도움주신 분들을 일일이 기록하지 못함을 용서해 주시
기 바란다. 혹여라도 형편없는 기억력으로 한 분이라도 빠뜨리게
될까봐 생각날 때마다 하나님께 드리는 기도 장부에 기록해두고
있다.

하늘의 상급으로, 이 땅 위의 형통함으로 갚아주시기를 기도하면서….

끝으로 견디기 힘든 고통의 시간이 '행복한 고통'이 되는 기적을 만들어주신, 하나님께 모든 영광과 찬양을 드린다.

'효과적 열정'의 아내

유옥형

차례

믿음과 소망

사랑과 지혜

그리고 기도 Ⅰ

그리고 기도 II

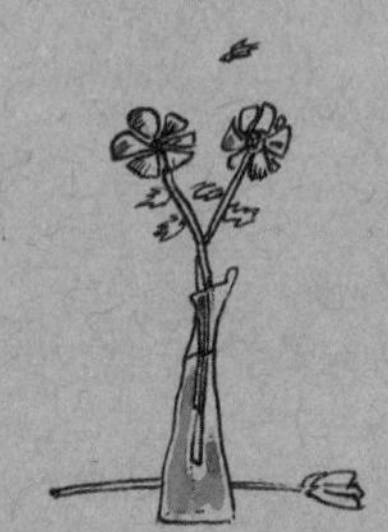

따뜻하게, 은밀하게, 빈틈없이 돌보시는 하나님

2010년 10월 1일 오후 2시. 아빠는 약 5개월간에 걸친 직장암 투병 생활을 뒤로하고 천국으로 떠나셨다.

아빠의 투병기간은 내 삶에 있어서 가장 불안정했던 시기인 동시에 가장 행복했던 순간이다. 포항에 있는 학교에서 전화를 통해 아빠의 암 진단 소식을 들었을 때 현실감이 전혀 느껴지지 않았다. 불과 몇 달 전만 해도 건강을 위해 마늘과 김치를 챙겨먹고 오히려 저질체력인 나를 헬스장으로 끌고 다니셨던 아빠가 암이라니….

정밀검진을 위한 개복수술 일정이 잡혔고, 나는 심야버스를 타고 부랴부랴 서울로 올라왔다. 병원에 도착했을 때 아빠는 침상에

누운 채 수술실로 이동 중이었다. 예정대로라면 아직 시간이 넉넉
히 있었지만 의사 선생님의 일정이 변경됨에 따라 수술 일정이 급
하게 당겨졌고, 막 수술실로 들어가려던 찰나에 내가 도착한 것이
었다.

아빠는 누운 채로 손을 들어 가볍게 인사하시더니 나에게 시간
이 없으니 한 가지만 약속하자고 하셨다. 수술 결과 여부에 관계
없이 나와 혜주는 평소에 하던 대로 일상에 최선을 다하며 살아가
라는 것이었다. 나는 어떤 상황인지 정확히 이해도 되지 않은 상
태였지만 급한 대로 알겠다고 약속했다. 아빠가 수술실로 들어가
는 모습을 두 눈으로 보고서도 여전히 지금의 상황이 실감나지 않
았다.

가장 듣고 싶지 않았던 세번째 가능성

수술이 진행되는 동안 엄마의 말을 들어보니 카메라로 촬영했
을 때는 암이 어디까지 전이된 것인지 파악하기 어려워 개복을 할
수 밖에 없는 상황이라고 했다.

　의사가 수술 전 세 가지 가능성을 이야기 했는데 첫 번째는 암세포의 발원지인 대장 쪽에만 암이 퍼져있는 경우이고, 두 번째는 간에 물혹으로 추정되는 물질이 보이는데 그것도 전이된 암일 수도 있다는 말이었다. 세 번째는 이미 암세포가 복막 전체에 퍼져 있을 수 있는데 이 경우에는 수술 자체가 불가능한 상황이라는 것이다.

　엄마와 함께 기도실에 들어가 기도를 하고 있는데 얼마 지나지 않아서 의사가 우리를 찾았다. 결과는 가장 듣고 싶지 않았던 세 번째 경우였다. 결국 아빠는 제거 수술을 완료하지 못한 채 다시 입원실로 돌아오셨다. 수술을 집도했던 의사는 상태가 심각하니 지금이라도 바로 항암치료를 시작해야 조금이라도 생을 연장할 수 있다고 말했다. 그렇지 않을 경우 2개월을 넘기기 어려울 것이라고 했다. 무슨 소리인지 통 납득이 안됐다.

　의사는 마치 드라마의 한 장면처럼 덤덤하게 수술 결과를 통보했다. 생명을 '연장'한다니… '2개월'은 또 무슨 말인가… 나 뿐 아니라 우리 가족 모두 어안이 벙벙했다. 불과 한 두 달 전까지만 해도 그저 변비가 심해진 것으로 생각하며 가볍게 동네 병원을 찾았을 뿐인데, 이런 진단은 너무 갑작스러웠다. 언제까지고 가만히 있을 수 없어 우리 가족은 함께 치료 방법을 고민하기 시작했다.

병원에서는 순수한 항암치료를, 주변의 지인들과 전문가들은 효과가 검증된 대체의학을 병행할 것을 권했다.

하지만 우리 가족을 포함해 모두의 예상을 뒤엎은 아빠의 선택은 치료를 받지 않는 것이었다. 이유인 즉슨, 항암치료를 받게 될 경우 그에 따르는 고통과 신체적 변화 때문에 모든 사역을 멈출 수밖에 없게 된다는 것이었다. 의사는 지금 상태에서는 항암치료를 해도 회복과 치료가 되는 것이 아니라 암 세포가 번지는 진행 속도만 늦출 뿐이라고 했다. 그런 상태를 알고 있던 아빠의 선택은 단한 마디였다.

"나는 녹슬어 없어지는 것보다 하나님께 쓰임 받고 닳아서 없어지는 쪽을 택하겠다."

그리고는 정말로 수술 부위가 아물자마자 퇴원해 수술 전부터 계획되어 있던 사역을 다시 시작하셨다. 중간 중간 차오르는 복수와 고통으로 인해 응급실과 중환자실에 입원하기도 했지만 비행기를 타고 북미주 CBMC대회까지 다녀오시는 등 오로지 믿음 하나로 강행군을 하셨다.

복수(腹水)가 차오르는 속도가 빨라지고 거동이 불편해지자 약한 달 뒤 응급조치를 위해 다시 병원에 입원할 수밖에 없었다. 입원할 당시에는 이미 식사를 할 수 없어 수액으로 모든 끼니와 수분 섭취를 대신하는 상태였다.

나는 일상에 최선을 다하겠다는 말을 지키기 위해 다시 학교로 돌아갔지만 기도하는 중에 휴학을 하고 아빠와 함께 있는 것이 좋겠다는 마음이 들어 서울로 올라와 있던 상태였다. 동생 혜주는 천안에 있는 학교와 용인 수지에 있는 집, 그리고 분당에 있는 병원을 매일 오가며 약속을 지켜냈다. 엄마는 거의 24시간을 병실 보조침대에서 생활하셨다.

그런데 놀랍게도 하나님은 이처럼 불안정한 시기에 우리가족을 그 어느 때보다도 가까이에서 강하게 붙드셨다.

어느 날 아침, 묵상 중에 하나님께서 회복과 희망에 대한 말씀을 주셨다. 가족이 함께 모인 시간에 내가 받았던 말씀을 나누자 엄마가 깜짝 놀라셨다. 조금 전에 차를 타고 병원을 오면서 틀어 놓은 라디오에서 흘러나왔던 성경말씀 본문과 정확히 일치한다는 것이었다. 또 지인들의 꿈을 통해서도 하나님께서는 우리 가족을 구체적이면서 명확하게 위로해주셨다. 이전에도 웃음이 가득하고 행복했던 우리 가족이었지만 이 시기에는 서로 말을 시작하기만

해도 눈빛만으로 무슨 말을 하려는지 알고, 기도할 때마다 성령의 끈이 우리를 강하게 묶고 있다는 것을 느낄 정도로 내 마음 안에 애틋한 사랑과 평안함이 가득했다.

우리 가족은 이와 같이 생생히 경험 중인 하나님의 약속을 믿었기에 이미 예고된 두달이라는 기한을 넘어서는 순간에도 그리 놀라지 않았다. 놀란 것은 오히려 의사들 쪽이었다. 대장기능이 멈춤에 따라 아무것도 섭취하지 못하던 아빠가 물을 조금씩 마시면서 느리게나마 소화시키기 시작했고 운동 시간과 강도 또한 점점 늘려가셨기 때문이다.

이 시기에 나는 하나님 아버지와 육신의 아버지 이 두 아빠와 함께 그 어느 때보다 깊고 친밀한 시간을 보냈다. 오랜만에 아빠도 아들도 바쁜 일에 대한 걱정 없이 24시간 내내 함께하며 느긋하게 대화할 수 있는 시간들이 생겼다.

지난 주일에 목사님이 해주신 설교 내용, 학교 동아리에서 연극 공연을 준비하는 중에 있었던 재미있는 에피소드, 친구들한테 들었던 웃긴 유머, 아빠가 그토록 사랑하시던 '파란' 제자들의 근황 등 특정 주제를 가리지 않고 즐겁게 이야기 했고 어떤 때는 아무 말 없이 발을 주물러 드리거나 병원 테라스를 개조해 만든 공원을 산책하기도 했다. 미래의 비전을 생각하는 사람이었던 아빠는 그렇게 아픈 중에도 눈을 반짝이며 완쾌 후 어떤 삶을 살아갈 것인지, 또 새로운 꿈을 이야기하며 감사해 하셨다.

이전에도 스킨십을 좋아하셨던 아빠는 내가 발과 다리를 주물러 드리는 것을 특히 좋아하셨다. 늦은 밤 고통 때문에 잠들지 못하실 때도 발을 주물러 드리면 곧 다시 잠드시곤 하셨다.

뒤늦게 깨달은 평안의 이유

평안과 감사의 하루하루를 보내던 중, 어느 날 밤 갑자기 아빠의 몸이 고온으로 치솟았다. 의사들도 딱히 원인을 알지 못했고 혈압과 열을 조절해주는 주사를 놓아줄 뿐이었다. 그리고 얼마 지나지 않아 하나님께서는 아빠를 우리 가족 중에서 가장 먼저 불러가셨다. 충격적이었다. 상태의 반전이 너무 갑작스러웠고, 그보다 더 혼란스러웠던 것은 우리 가족에게 확신을 주셨던 하나님의 말씀들이었다.

이건 무슨 상황일까. 혹시 나사로를 죽게 하셨다가 다시 살아나게 하신 사건이 과거에만 있는 것이 아니라 21세기에도 여전히 유효하다는 것을 보여 주시려는 하나님의 계획이신가? 하지만 너무도 가까이서 우리 가족들에게 말씀해주시고 위로해주셨던 하나님께서 아빠를 데려가신 후에는 나의 질문에 침묵하셨다. 아니, 적어도 나에게는 아무런 답변이 들리지 않았다.

장례식이 끝난 후 엄마는 스스로에게 분명하게 하시기 위해서인지 우리의 신앙을 붙잡아 주시려고 하신 것인지 모르겠지만 재차 분명하게 말씀해주셨다.

"지금은 우리가 하나님께서 어떤 뜻이 있으셔서 아빠를 불러 가셨는지 모르겠지만, 정말 이해는 되지 않지만, 그럼에도 하나님이 하시는 일은 선하다. 하나님은 항상 선하시다".

그 말이 맞다. 나도 하나님께서 하시는 일은 선하다는 생각과 실수나 변덕이 없으시다는 생각은 가지고 있었다.

혹시라도 그것이 흔들리지 않도록 바로 한 달 뒤이자 내 생일이었던 11월 7일에 분당우리교회에 입교했고 찬양팀에 들어가 의지의 찬양과 순종의 고백들을 드렸다.

그런데 우리 가정에게 주셨던 말씀들이 이해되지 않았다.

'왜 처음부터 이별을 준비할 시간을 주시지 않고 반대로 회복에 대한 소망을 주셨을까? 아빠가 10월 1일에 천국으로 갈 것이라는 사실을 미리 알려주셨다 하더라도 우리 가족이 하나님 앞에서 크게 엇나가거나 하지는 않았을텐데… 남은 가족들이 아빠의 역할을 나눌 준비를 조금이라도 할 수 있었을 텐데…' 라는 생각도 들었다.

이 질문에 대한 대답은 약 1년 반이 지난 후에야 들을 수 있었다. 길을 걸으며 기도하다가 문득 그 답을 찾았을 때 반가운 마음에 다음과 같이 하나님께 편지를 썼다.

12. 04. 27. 하나님께 쓰는 편지

하나님, 드디어 답을 찾았어요. 아빠가 투병중일 때, 저희 가족에게 계속해서 희망을 가지게 하셨던 이유!

아빠를 데려가신 후 약 1년 반의 시간 동안 하나님의 뜻은 항상 선하심을 고백하긴 했지만 사실 왜 우리에게 그토록 강하게 희망의 말씀을 주셨는지는 여전히 이해하지 못했었어요. 그런데 오늘 드디어 그 답을 찾았습니다.

하나님, 이것이 제가 내린 결론이에요.

'우리가 지금은 거울로 보는 것 같이 희미하나 그때에는 얼굴과 얼굴을 대하여 볼 것이요, 지금은 내가 부분적으로 아나 그때에는 주께서 나를 아신 것 같이 내가 온전히 알리라. 그런즉 믿음, 소망, 사랑 이 세가지는 항상 있을 것인데 그중에 제일은 사랑이라'(고전13:12~13)

태초부터 영원까지 변치않고 항상 있는 것은 하나님의 말씀이라고 하셨잖아요(요1:1, 막13:31). 그럼 항상 있는 믿음, 소망, 사랑은 결국 하나님께서 우리에게 주신 마음이기도 하지만 하나님의 속성 그 자체인 것이었어요. 하나님의 속성이 소망이시기 때문에 반대되는 절망의 감정은 우리 가족에게 주실 수 없으셨던 것입니다. 맞나요? 진리가 상황에 따라 변할 수 없듯이 하나님께서는 우리가 바라는 결과에 상관없이 우리에게 '믿음'과 '소망', 그리고 '사랑'이 아닌 다른 것을 주실 수 없었던 것입니다.

또 한 가지 깨달은 것이 있다면 우리 가족이 이 시험을 감당할 수 있게 하기 위한 하나님의 배려였다는 것입니다. 하나님은 사람이 감당할 수 있는 시험만 허락하신다고 하잖아요.

'주의 말씀은 내 발에 등이요 내 길에 빛이니이다'(시119:105)라고 했던 시편 기자의 고백이 떠오릅니다. 언젠가 이 구절에 대한 설교를 들었던 적이 있어요. '내 발에 등'은 당장 내가 내딛을 한 걸음 앞의 구간만을 비추고 '내 길에 빛'은 내가 걷는 길의 방향을 알 수 있도록 먼 목표만을 비춘다는 것. 그리고 그 사이의 흑암은 하나님을 의지하게 하기 위한 믿음의 영역으로 남겨놓으신 영역이라는 말씀이었습니다. 하나님, 혹시 이때를 위해 그 말씀을 주셨던 건가요? 아빠를 부르실 계획은 당시에 우리 가족이 감당할 수 있는 시험의 범위가 아니어서 흑암의 영역에 남겨두셨던 거라는 생각이 들었습니다.

사실 아빠의 투병 기간 동안 하나님께서 채워주셨던 평안과 은혜가 없었더라면 그 이후에 과연 우리 가족이 지금처럼 잘 살아갈 수 있었을지 모르겠습니다. 정말 신기하네요.

기존에도 머리로는 알고 있던 말씀이자 정답인데…. 그 동안 제 상황과 연결되지 않았던 말씀이 어떤 계기가 있던 것도 아니고 걷던 중에 이렇게 갑자기 제 마음을 때리게 하시다니…. 확실히 하나님의 일하심에는 때와 기한이 있음을 다시 한 번 느낍니다. 감사해요, 하나님!

미리 준비시키신 하나님

하나님은 이처럼 소망을 통해 우리 가족의 마음을 지키셨다. 그런데 다시 돌아보았을 때, 하나님께서 우리 가족에게 소망만 주셨다는 것은 큰 착각이었음을 깨달았다. 하나님께서는 세심한 손길로 우리의 실제적인 부분까지 준비시키시어 병원에서 보내야 하는 시간, 그리고 아빠가 천국에 가시고 난 뒤의 시간에 우리가 '피할 길'을 미리 예비해 놓으셨다.

병원에서 아빠와 함께 보냈던 시간에는 나의 학생 시절의 경험들을 사용하셨다. 나는 한동대학교에 재학하는 동안 '오석공동체'라는 신앙공동체에서 훈련을 받았다. 예수님의 제자로서 합당한 모습을 이루어가고자 여러 훈련을 받았지만 그 중 공동체에서 가장 강조한 것은 '말씀'과 '기도'였다.

특히 매주 빠지지 않고 두 시간씩 훈련했던 말씀 암송은 시간이 지나고 구절이 누적됨에 따라 나도 모르게 조금씩 마음 구석구석에 새겨졌다.

이 말씀들은 일상생활 가운데서 나의 판단의 기준이 되어 주기도 했지만, 특히 병원에서 보낸 시간 동안 더없이 소중한 재산이 되어 주었다. 매일같이 성경 말씀을 묵상하고 기도하는 힘으로 살았던 아빠지만 가만히 앉아있는 것조차 힘겨워진 상태에서는 성경을 읽을 수가 없으셨다.

책을 보기만 해도 어지러워 하셨고 TV나 라디오의 소리도 견디기 힘들어하셨다. 그 때 내가 할 수 있는 것은 보조침대에 앉거나 누워서 암송했던 구절들을 조용히 읊조리는 것뿐이었다. 그러다가 서로 나눌 묵상의 내용이 있으면 자연스럽게 대화로 이어지기도 했다. 항상 아빠에게 도움만 받던 입장에서 조금이나마 역할을 바꾸어 꼭 필요한 도움을 드릴 수 있었다는 것은 나에게도 행복이었고 아빠에게도 기쁨이 되었던 시간이다.

또 하나님께서는 심지어 나의 취미생활도 사용해 주셨다. 나는 중학생 때부터 기타 치는 것을 매우 좋아했다. 나중에는 꽤 현란한 곡도 연주할 수 있게 되었지만 아빠는 내가 어설픈 자세로 처음 가족 앞에서 연주했던 레인 드롭스(Rain Drops)라는 곡을 가장 좋아하셨다. 건강하셨을 때에도 종종 나를 불러서 그 곡을 연주해주기를 주문할 정도였다.

아플 때 큰 괴로움 중 하나는 잠들기가 힘들다는 점이다. 하루 종일 누워있기 때문에 잠과 깸이 불분명할 뿐 아니라 시시때때로 찾아오는 고통이 숙면을 방해하기 때문이다. 아빠에게도 그런 시간이 찾아왔을 때 가끔씩 옆에서 기타를 연주해드리면 아빠는 그 소리를 들으며 잠이 들곤 하셨다. 또 전자파가 나오는 노트북이나 휴대폰을 사용하지 않고 많은 시간을 병실 안에 있어야 했던 나에게도 쉼과 충전을 할 수 있는 피난처가 되기도 했다.

하나님께서는 아빠가 천국에 가신 뒤의 일도 예비하셨다. 우리 가족의 모든 재정은 아빠가 맡아서 관리하셨다.

가족이 재정적인 부분에 대한 걱정 없이 행복하기만을 원했던 아빠의 배려도 있었겠지만 엄마와 나는 숫자나 재정적인 부분에 약하고, 동생은 아직 너무 어렸던 이유도 있었을 것이다.

하지만 아빠의 역할이 이렇게 갑자기 우리에게 돌아올 줄은 아무도 예상하지 못했다. 아빠가 점차 회복되어 가는 과정에서 우리 가족은 하나님께서 회복시켜 주실 것이라고 믿고 있었기에 그 이후의 일은 전혀 준비하지 않았었다.

그런데 한 순간에 갑작스런 고열이 찾아왔고, 그날 밤부터 아빠는 말을 하거나 몸을 움직이실 수가 없게 되었다. 때문에 아빠가 돌아가신 후 상속처리 과정이나 우리 가족의 가계 현황을 파악하는 일 등이 매우 막막한 것은 어쩌면 당연한 것이었다.

하지만 그 해 여름에 나에게 주변상황과 자연스럽지 않은 경험이 있었다. 7~8월 두 달 동안 국민은행에서 인턴을 하였던 것이다. 당시 나는 5학기밖에 안되었고 학점도 그다지 좋지 않았기 때문에 인턴을 지원할만한 상황은 아니었다.

그런데 우연히 학교 인트라넷을 통해 국민은행에서 인턴을 모집한다는 공고를 보게 되었다.

7~8학기 학생들을 대상으로 하는 일반적인 인턴 모집과 달리 5학기부터 지원을 받는다는 내용이었다. 은행관련 업무라고는 ATM기기를 통한 입출금과 환전밖에 해보지 않았던 나였지만 감사하게도 기회를 얻었고 나는 하나님께서 두 달간 용돈벌이를 할 수 있는 채널을 만들어주신 것이라고만 생각했다. 하지만 하나님의 계획은 그 이상이었다. 일하는 동안 좋은 분들을 만나서 보통 인턴에게 주어지는 일 이상으로 다양한 은행 업무에 대해 배우고 실습할 수 있었다.

이후 상속 관련 업무를 처리해야 했을 때에도 당시 인턴을 하며 연이 닿았던 분들에게 연락해 실질적인 도움을 받을 수 있었다. 지금 생각해보니 약 2~3개월 뒤에 나에게 주어질 역할을 위해 하나님께서 속성으로 준비시키신 시간이었던 것 같다.

또한 비슷한 시기에 자동차 보험이 만료되어 새로운 계약을 맺은 것도 중요한 역할을 했다. 가입 및 결제를 위해 공인인증서를 발급받고 계좌이체를 하는 심부름 등을 하면서 여러 개로 나눠져 있던 아빠의 계좌들 각각에 대한 정보와 비밀번호 등을 알 수 있었기 때문이다. 이러한 경험들이 당시 나에게는 전혀 연관성 없는 일들로 보였지만 돌아보니 모든 시간들이 나와 우리 가족이 주저앉지 않도록 준비하신 하나님의 세심한 배려였다.

이처럼 아빠의 투병기간은 나에게 슈퍼맨이었던 아빠의 역할이 점점 줄어들면서 당혹스럽기도 하고 불안했던 시기인 동시에, 그 부분을 하나님께서 직접 채워주시면서 다시 그 어느 때보다 평안함과 감사가 넘쳤던 기간이기도 하다.

아빠의 묵상과 기도 통해 하나님 가까이 느껴

어느덧 아빠가 천국으로 가신 지 3년이 다 되어 가고 있다. 나는 학교를 졸업하고 좋은 직장을 얻어 비전을 이루기 위한 훈련의 과정들을 거치고 있다.

사회생활을 하면서 그동안 경험하지 못했던 새로운 기쁨과 어려움들을 마주한다.

학생 때에는 스스로 고민해도 답이 풀리지 않는 힘든 일이 있을 때 아빠와 대화를 하곤 했다.

그럴 때면 아빠는 문제를 해결하기 위해 함께 고민해 주시면서도 '나에게 쉬운 상황만을 허락해주세요' 라는 기도보다는 '하나님께서 허락하신 상황들을 감당할 수 있는 강한 허리를 주세요'라고 기도하자는 말씀을 덧붙이시곤 했었다.

지금도 그 말이 내 안에 남아서 하나님을 찾는 시간으로 이어지고 있다. 신기하게도 말씀 묵상과 기도의 시간을 거치고 나면 내게 주어진 상황 자체는 변화가 없지만 그것을 바라보는 초점이 변하여 다시 허리에 힘이 생기는 것을 경험한다.

결국 내가 받은 유산은 다른 것이 아니라 아빠와 그간 나눴던 많은 대화들을 통해 하나님과 소통하는 법, 그 분께 의지하는 습관을 배운 것이다.

앞으로 펼쳐질 이 책 또한 아빠가 남긴 수많은 유산 중 하나다. 비록 한 평신도 사역자의 기도이자 묵상의 기록이기는 하지만, 나는 이 내용들을 통해 오늘 이 순간, 삶의 실제적인 현장에서도 일하시는 하나님을 더욱 가까이 느끼게 되었고, 그로 인해 나의 기도와 묵상 또한 더욱 구체적이고 생생한 것이 되었다.

이 책을 읽는 다른 분들께도 더 큰 하나님의 은혜와 축복이 있기를 기도한다. 그리고 아빠와의 추억들을 다시 꺼내볼 수 있게 해주신 하나님께 모든 영광을 돌린다.

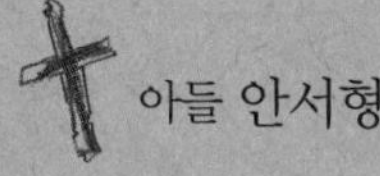

아들 안서형

"아빠는 이제 천국가서 행복하니까, 나도 행복하게 살게"

"아빠는 이제 천국가서 행복하니까, 나도 행복하게 살게" 천국으로 떠나는 아빠를 배웅하던 자리에서, 저는 이렇게 말했었어요. 21살 이제 막 효녀가 되어보겠다고 다짐했던 그때, 하나님이 계신 것을 인정한지 얼마 안된 그 때, 가족의 소중함을 너무 늦게 알아버린 그 때, 억울해서라도 울고불고하느라 정신없어야 했을 텐데 그 상황에서 어떻게 이런 말이 튀어나왔는지 모르겠어요.

그런데 지금 보니, 아빠가 저를 그렇게 키우신 거였고, 그런 내가 엄청 멋진 말을 남긴 거였더라구요.

행복도 내 마음먹기에 달려있다는 것을 이제야 깨닫기 시작했어요.

아빠!

저는 아빠한테 따지고 싶은 것이 몇 가지 있어요. 그중 대표적인 것만 뽑자면, 아빠가 먼저 약속 해놓고 나만 약속 지킨 것.

"아빠는 병원에서 힘을 다해 병과 싸워서 꼭 이길테니, 넌 너의 본분에 맞게 학교에 가서 열심히 공부하고 할 수 있는 최대한 너의 진가를 발휘해봐. 넌 시시한 애가 아니야. 아빠는 알아"

기억나세요? 정신차리고 다시 들어간 대학교에서 1학년 2학기, 그 아름다운 시절을 학교랑 병원을 왔다갔다 하며 캔디처럼 살고 있던 나에게 아빠가 하신 약속의 말씀이에요. 20년 동안 예체능만 전공했던 탓에 공부라고는 짝꿍꺼 베껴서 하거나 좋아하는 선생님께 잘 보이려고 그 과목만 공부하는것이 전부였던 저에게 엄청난 미션이 주어진 거였죠. 그런데 아빠는 제가 2학기를 마치기도 전에 하나님이 천국으로 데려가 버리셨어요.

그 후 1학년 2학기부터, 4학년 마지막 학기를 앞두고 있는 현재까지 저는 과수석을 단 한번도 놓친 적이 없어요.

아빠!

언젠가 아빠가 남긴 기록들을 읽어보다가 문득 이런 생각이 들

있었어요. 아빠는 이런 지혜들을 대체 어디서 어떻게 얻으셨을까? 그러자 자연스레 아빠가 과연 어떤 사람이었는지를 되돌아보게 되었어요. 내가 기억하는 아빠는 매일 아침 그리고 매일 밤 발가락이 빨갛다 못해 검게 될 정도로 무릎을 꿇고 눈을 감고 계셨어요.

저는 그런 아빠의 발이 불쌍해서 손가락으로 찔러보기도 하고 기도하고 있는 아빠의 귀에 대고 "그만해…!"라고 속삭이기도 했죠. 또 아빠는 무슨 글씨인지 알아보기는 힘들지만 매일 성경묵상을 하신 뒤 무언가를 적으셨어요. 전화를 하실 때는 항상 상대방을 칭찬하거나 아빠만의 호칭과 함께 즐거운 목소리로 통화하셨구요. 제가 엄마한테 혼나고 있을 때는 저의 편이 되어주셨고 엄마와 대립 중에 있을 때는 엄마 편을 드셨어요. 맛있는 음식을 드실 때는 몇 번이고 감탄사를 연발하며 드셨고, 일 년에 한 번 이상은 가족여행을 계획하셨어요.

어렸을 적 오빠와 저를 혼내시더라도 마지막에는 꼭 안아주면서 사랑한다고 말씀하셔서 이럴 거면 왜 혼내셨나 생각할 때도 많았어요. 엄마랑 나랑 누가 더 예쁘냐고 물어보면 단 한 번도 저라고 해주신 적이 없었구요, 그러면서도 밖에서 제 자랑을 하도 많이 하고 다니셔서 처음 뵙는 분들한테도 "네가 혜주구나"라는 말을 많이 들었어요.

물론 가끔은 자랑한다는 내용이 이렇기도 했죠. '우리 아들은 시험을 90점 맞고도 죄송하다고 하는데 우리 딸은 시험을 20점 맞아놓고도 당당하게 성적표를 내밀고 공부방법을 바꿔봐야겠어 하며 웃어버리는 애예요' 그럴 땐 나름대로 소신을 지켜온 딸이 한순간에 천방지축 이미지가 되어버리기도 했지만요.

아빠 모습 보며 예수님 상상

가끔씩 집에서 쉬고 있는 저를 회사로 불러내 맛있는 점심을 사주기도 하셨고, 제가 작은 선물이라도 드리면 매일 갖고 다니면서 자랑하셨어요. 거짓말하는 것을 가장 싫어하셨고, 다른 사람의 가치를 발견해주는 것을 가장 즐거워하셨어요.

이 밖에도 제가 생각하는 아빠의 모습은 참 많지만, 한마디로 표현하자면 아빠는 정말 인간적이셨고, 하나님이 기뻐하시는 모습대로 살려고 노력하신 분 이셨어요.

그런 아빠의 모습을 보고 저는 예수님의 모습을 배운 것 같아요. 그런데 어디에도 없는 이렇게 멋진 아빠의 진가를 이제야 깨달아 죄송해요.

아빠!

아빠딸, 벌써 졸업을 코앞에 두고 있어요. 대학교를 무사히 졸업하는 것만으로도 감사한데, 정말 값진 경험들을 많이 누렸어요.

학교에서는 아빠랑 약속 후 4학기 연속으로 4.5점 만점을 받으며 성적의 기적을 맛보기도 했고, 학부 내 제자훈련반의 반장을 하며 하나님의 말씀을 깊게 배워나가는 시간을 가져보기도 했어요. 그리고 학교의 얼굴로 학생 홍보대사 부회장으로 활동하기도 했어요.

학교 밖에서는, 교회에서 꾸준히 유아부 교사를 하며 유아들에게 하나님을 사랑하는 방법을 가르치는 것에 대한 즐거움을 느꼈고, 방학기간 동안 사회복지단체에 봉사 신청을 해 초등학교 겨울방학교실이라는 프로그램에 동참하기도 했어요. 또 가장 친한 친구 태은이와 미국 배낭여행을 다녀왔어요.

생존영어만 할 줄 아는 실력으로 비행기 예약부터 관광지 및 숙

소 선택까지 모두 친구와 둘이 선택해서 간 것이기 때문에 주변 사람들의 걱정이 매우 컸지만, 여행을 마치고 돌아왔을 때의 성취감과 자신감은 말로 표현 할 수 없었어요.

물론 처음부터 끝까지 하나님이 지키신 것을 몸으로 체험한 여행이었지만요.

아빠가 제 모습 보면 흐뭇해 하실거예요

그리고 아빠가 열정을 쏟으셨던 단체, CBMC 대학부 파란에서 총무 역할을 맡고 있다가, 2013년 올해는 회장이라는 엄청난 직분을 갖게 되었어요. 스물넷, 이 아름다운 청춘에 놀기 좋아하는 제가 아빠의 꿈을 감히 이어받아 다음세대를 이끌어갈 젊은 청년들에게 열정과 정성을 다해 섬기고 있는 모습을 보신다면 흐뭇한 미소를 지으시겠죠?

아빠가 천국으로 가신 뒤 3년 동안 저에게는 너무 많은 변화들이 일어났네요. 외롭지 말라고 하나님이 더 큰 은혜를 부어주신 걸까요?

 아빠가 늘 하셨던 말씀처럼, 저는 앞으로 뭐가 될는지 모르겠어요. 그저 지금 저에게 주어진 달란트와 젊음을 최선을 다해 즐기고 있고, 혹시나 그 과정들이 저의 욕심과 자만이 되지 않을 수 있도록 먼저 하나님께 온전히 맡기고 기도하는 습관을 들이고 있어요. 저 잘하고 있는 거죠? 이렇게 멋진 딸 시집가는 것도 못보고 딸보다 더 예쁠 손자 손녀도 못 보셔서 어떡해요?

어쩌면 아빠가 가장 기대하던 순간들이었을텐데….

하지만 아빠!

저는 아쉬운 마음을 뒤로 하고 더 열심히 재밌게 살아갈께요. 백번 넘어져도 백 한번 일어나는 아빠의 정신력을 물려받아 세상을 두려워하지 않고 믿음으로 살아갈께요. 그래도 가끔은 공부하다가 밤늦게 집에 들어왔을 때 언제나 두 팔 벌려 꼭 안아주는 아빠의 따뜻한 품이 그리워요. 천국에서 다시 만나게 되면 예전처럼 꼭 안아주세요. 아빠, 많이 보고 싶어요. 그리고 많이 사랑합니다.

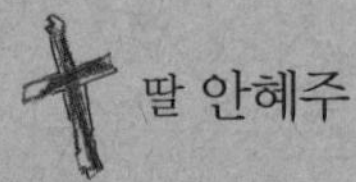 딸 안혜주

"안효열 집사님은 장수하셨습니다"

"안효열 집사님은 장수하셨습니다" 53세의 젊은 나이로 세상을 떠난 남편을 두고 발인예배를 인도하신 목사님께서 하신 말씀이다. 거부감이 들 수도 있는 말인데 이상하게도 시간이 지날수록 그 말에 깊은 위로와 평안을 얻는다. 왜일까?

남편이 살았던 한 시간의 가치, 하루하루의 가치를 모아 계산한다면 '장수'한 것이 분명하다는 생각이 들고, 마음으로 인정되기 때문일 것이다. 예수님을 만나고 그분을 사랑하기 시작하면서 그의 곁에는 언제나 많은 사람들이 함께 했었고, 함께하는 사람들에게 꿈의 씨앗을 심고 열정의 씨앗을 심는 일을 해온 남편이다.

그런 그의 삶이 비록 물리적으로는 짧은 53년의 시간이었지만 그 시간의 가치들이 그가 일군 영향력 있는 기업으로 인해 계속 꽃 피고 열매 맺을 것을 바라보면 남편은 장수한 것이 분명하다.

누군가 말했다.
인생에서 가장 의미 있는 날은 자신이 세상에 태어난 날, 그리고 왜 태어났는지 그 이유를 알게 된 날이라고. 우리 앞에 수많은 선택의 기회가 있을 때 흔들리지 않고 망설임 없이 올바른 것을 선택할 수 있는 것은 내가 세상에 태어난 이유를 아는 것, 다시 말해 나의 사명이 무엇인지 알 때 가능한 일일 것이다.

늘 그의 책상 위에 놓여있던 사명선언서

남편이 바로 그런 사람이었다. 이미 오래 전부터 자신의 사명이 무엇인지 정확하게 알고 있는 사람이었다. 늘 그의 책상 위에 놓여있던 사명선언서를 보면 알 수 있다. 그게 남편의 모든 결정과 행동을 하도록 이끈 나침판이었음을 나는 잘 안다.

내용은 바로 이러하다.

'영향력 있는 기업을 일구어 열방에 제자 삼는 삶에 헌신한다'
그것을 위한 핵심가치로는
- 말씀 묵상과 기도를 통해
- 온유하고 겸손한 마음으로
- 정직과 언행일치를 실천한다.
이를 통해 효과적이고 열정적인, 창의적이며 역동적인 삶을 산다.

그렇다면 남편은 이 사명대로 살았을까? 물론이다. 가장 가까이에서 내가 본 남편의 삶은 정말 그의 사명대로 살았다고 인정하지 않을 수 없다. 그가 살아온 자취를 더듬어 보면 볼수록 사명에 충실한 삶을 살았다는 증거들이 드러난다.

한 때 나는 그가 말한 '영향력 있는 기업을 일군다'는 것이 성공적인 비즈니스를 의미하는 것으로 이해한 적이 있었다. 많은 재물을 하나님께서 주시면 그것으로 열방에 도울 사람들을 돕고 세우는 일을 하는 것이라고 생각했다. 아니, 그렇게 해석하고 싶었는지도 모른다.

그래서 그 날이 언제 올까 기다리기도 했었다. 하지만 남편이
받은 사명은 그보다 더 크고 높은 범주였다는 것을, 그리고 그
사명은 이미 오래 전부터 진행되고 있었다는 것을 요즘 깨닫고
있다.

그가 말한 '영향력 있는 기업'은 무엇이며 그것을 어떻게 일구었
을까? 무엇보다도 가장 알차게 성공적으로 일군 기업은 바로 우리
가정이다.

그 중에서도 아버지로서 일상의 삶 가운데 언행일치로 보여준
신앙의 본은 서형이와 혜주에게 뿌리 깊은 영성을 갖도록 했고 앞
으로도 세상을 이기며 살아갈 든든한 자본이 되어 줄 것이다. 그리
고 가장 오랫동안 정성을 다해 일군 이 든든한 기업은 '열방에 제자
삼는' 사명에 선한 영향력으로 그 역할을 잘 감당할 것이다.

그가 꿈꾼 기업은 지구촌 곳곳에 하나님의 사람을 세우는 것

곰곰이 생각해보면 하나님께서 그에게 허락하신 '영향력 있는
기업'은 '사람'이었던 것 같다. 그리고 그 기업의 범위는 우리 가족

을 시작으로, 친구와 고객과 다음 세대와 태평양과 대서양을 건너 디아스포라에 이르기까지 광범위한 것이었다.

마치 세계 곳곳에 지사를 세워 영향력을 확장해 가는 회사처럼, 그가 꿈꾼 기업은 지구촌 곳곳에 하나님의 사람들을 세우는 것이었다. 그리고 그렇게 세워진 리더들이 또 다른 리더들을 세우는 선순환이 되는 것을 기대한 것이다.

이러한 일들을 위해 그는 정말 최선을 다했고 모든 열정을 불살랐다.

비즈니스를 하는 사장이며 코치로 다양한 계층, 많은 사람들을 만나 언제나 바쁘게 지냈지만 그는 가까이 지내는 가족과 친구들에게도 허투루 대하는 적이 없었다.

세상의 변화는 한 영혼의 변화에서 시작된다고 습관처럼 말하던 남편은 그 말대로, 한 사람 한 영혼을 존중과 정성으로 대했고 그 진심으로 인해 사람들은 마음을 열고, 비전을 공유하며 동역하는 기쁨을 나누었다.

그가 일구었던 '영향력 있는 기업'은 아마도 예수님께서 열 두 제자를 통해 세계에 복음의 씨앗을 심게 하신 그 경영방법을 벤치

마킹한 것이라 생각한다.

　그것을 따르기 위해 말씀 묵상과 기도로 하루를 열고 만나는 사람들을 온유하게 섬기고 정직함과 성실함으로 언행일치를 실천했던 것이라 믿는다.

　복음이 땅 끝을 향해 가고 있는 이 시점에 남편이 일군 기업이 열방에 제자 삼는 일을 위하여 하나님이 기억하시는 한 페이지가 될 수 있다면, 그것이야 말로 어디에도 견줄 수 없는 영광스럽고 성공적인 사명완수가 아닐까?

남편을 떠나보내고…

남편이 떠난 지 벌써 3년이라는 시간이 흘렀다. 아직도 3년 전 그 안타까운 순간을 꿈으로 꾸는 날이 많은데 벌써 시간은 이렇게 많이 지나왔다.

　사람들은 흔히 시간이 지나는 만큼 마음도 멀어질 것이라, 생각도 희미해질 것이라 말하지만 여전히 남편은 내 삶의 모든 부분에서 지금까지 함께하고 있다.

그리고 나는 내 남편 안효열 코치를 사랑하고 그와 삶을 나누었던 동역자들, 친구들과 변함없이 예전처럼 살아가고 있다. 아니, 이전보다도 더 친밀한 관계를 맺으며 살아가고 있다.

참 감사하게도 많은 분들이 아직도 남편을 그리워하고 자주 말씀하시는 것을 본다. 그리고 더 오래 함께하지 못한 것에 진심으로 아쉬워하는 모습을 보며 마음 깊이 위로를 얻곤 한다.

분당 휴맥스 홀에서 남편의 추모 1주년 기념예배를 드리던 날, 그가 아침마다 썼던 기도노트들과 묵상집들 중 몇 권을 전시했었다. 그 때 여백 없이 빽빽하게 쓰인 노트들을 본 태경장학회 박철 이사장님과 로운의 황현모 감독님이 "이걸 정리해 책으로 냅시다. 그냥 묻어두기에는 너무 아깝습니다"라고 제안하셨는데, 선뜻 결정하지 못하는 내게 "안효열 형제의 삶이 많은 사람들에게 좋은 영향을 주었고 그런 영향력이 그의 기도와 말씀묵상에서 비롯되었다면 그의 묵상집을 보다 많은 사람들이 공유하면 좋지 않겠습니까?"라며 적극 권유하셨다.

아마 내 남편 안효열을 기념하는 행위 이전에 그가 남긴 하나님께 드리는 기도와 묵상의 흔적들이 여러 어려움과 갈등 사이에서 흔들리고 있는 이 시대의 가장들, 그리고 신앙의 권태에 빠져있는 사람들에게 위로와 회복의 한 바가지 마중물이 되었으면 하는 바람으로 그렇게 권하셨으리라 생각한다. 귀한 그 마음을 깨달은 후 남편의 기도노트를 다시 꺼내 읽으며 출판의 용기를 내게 되었다.

책의 제목인 '효과적 열정'이란 내가 남편에게 붙여준 닉네임인데, 부부사역을 하는 장소에서 그의 이름 안효열로 삼행시를 짓다가 나온 것이다. 남편은 그 별명을 무척 좋아했고 생각해보면 꼭 그의 별명대로 살았던 것 같다.

이 책은 '효과적 열정' 남편이 매일 아침마다 무릎 꿇고 하나님과 나누었던 기도와 묵상내용을 그대로 옮겨 놓은 것이다.

그와 함께 살면서도 아침마다 하나님과 어떤 대화를 하는지 알 수 없었는데 그가 떠난 후에야 남겨진 기도 노트들을 읽으며 그의 신앙과 삶이 일치했다는 것을 확인하게 되었고, 그 기도가 끝난 것이 아니라 지금도, 앞으로도 계속 이어질 것이라는 믿음으로 옮기게 된 것이다.

남편의 묵상과 기도가 한 권의 책으로 나오도록 물심양면으로 도와주신 박철 이사장님과 황현모 감독님께 진심으로 감사드린다. 그 외에도 고마운 분들이 참으로 많다.

그 분들을 일일이 기록하지 못함을 용서해 주시기 바란다. 혹여라도 형편없는 기억력으로 한 분이라도 빠뜨리게 될까봐 생각날 때마다 하나님께 드리는 기도장부에 기록해두고 있다. 하늘의 상급으로, 이 땅 위에서의 형통함으로 갚아주시기를 기도하면서.

아무리 어려운 상황에서도 긍정의 힘을 낼 수 있도록 키워주신 존경하는 나의 어머니와 글을 쓰기 위해 다시 꺼내야 했던 가슴 아팠던 순간들을 즐겁고 아름다운 기억으로 무게중심을 옮기게 해준 사랑하는 서형이와 혜주, 그 깊이를 알 수 없을 만큼 큰 상실감과 아픔을 겪으셨을 텐데도 담담하게 잘 이겨내고 계신 어머님이 내 든든한 가족이어서 참 감사하다.

끝으로 견디기 힘든 고통의 시간이 '행복한 고통'이 되는 기적을 만들어주신 하나님, 남편에게 '장수의 복'을 허락하신 하나님께 모든 영광과 찬양을 드린다.

아내 유옥형

'효과적 열정' 안효열 형제가 평소에
묵상과 기도를 하며 메모했던 수첩

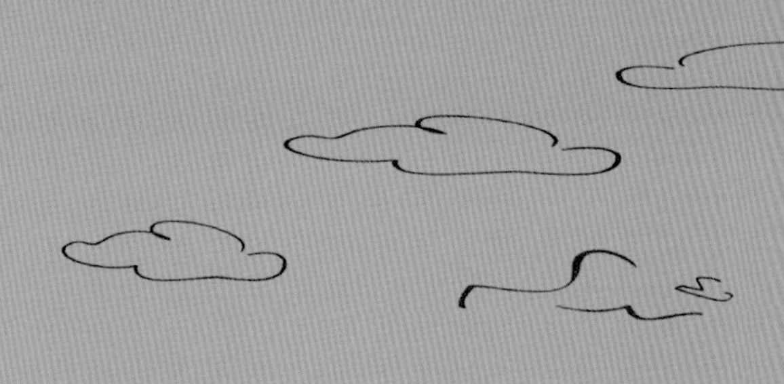

믿음과 소망

2010년 5월 6일 암 진단 받은 후

직장암

사랑과 은혜의 주님!
나의 보호자가 되어 주시고
인도자가 되어주심을 감사드립니다.

나의 산성이시오 피할 반석이요,

내가 거할 요새가 되어 주셨습니다.

필요할 때 필요한 것을 공급하여 주시고

알아야 할 때 반드시 알게 해주신 은혜를 감사드립니다.

+ 효과적

열정 +

나의 하나님이여 들으시고 나를 긍휼히 여기소서.

여호와여 나의 돕는 자가 되어 주옵소서.

주께서 나의 슬픔이 변하여 춤이 되게 하시며

나의 베옷을 벗기고

기쁨으로 회복되게 하옵소서.

이는 잠잠치 아니하고

내 영광으로 주를 찬송케 하심이니

내가 하나님을 영원히 찬송합니다.

하나님 내게 가장 적절한 시기에

진료와 검진을 받게 하시고 치료가 가능할 시기에

암 진단을 받게 하심을 감사드립니다.

아직은 의사의 소견이고

조직검사의 결과는 나오지 않았지만

겸허히 받아들이고 이후를 생각하고

준비할 수 있도록 지혜를 주심을 감사드립니다.

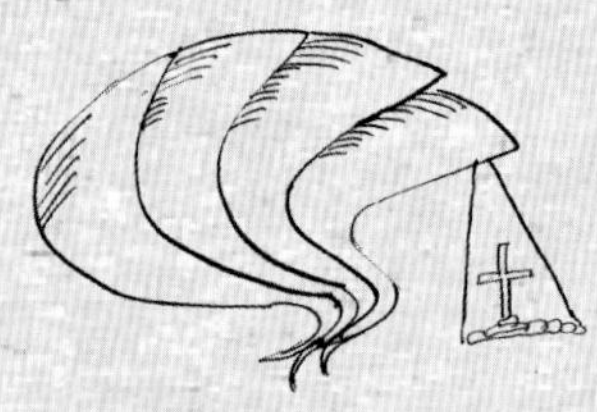

무엇보다 당황하거나 낙심, 불안에 떨지 않고 담대함을 갖게 하신 주님을 찬양합니다.

항문에서 7cm 이내에 발병하였으면 직장과 항문 전체를 드러내고 남은 생애를 외부에 부착된 설치로 살았어야 했는데 15cm에서 발병되어 의사의 선한 손길, 손의 공교함으로 완치될 수 있는 은혜를 주셔서 인생 후반전을 더 힘있게 살아가도록 리모델링의 순간을 허락해 주신 은총으로 주님의 은혜를 노래할 수 있음을 감사드립니다.

대, 소변이 시원치 않아 불편하고 때로는 그것 때문에 약간의 통증은 있으나 암이라는 큰 병을 갖고 있으면서도 심한 통증을 느끼지 않도록 주님 보호해 주심을 감사드립니다.

이제 12일에 아산병원 유창식 박사를 통하여 최종 검진결과와 수술 일정을 잡게 될텐데 이 일도 순조롭게 진행되도록 도와주세요. 다음주 18일(화) 분당 우리교회에서 주관하는 미자립교회 목회자 초청 특강까지 마치고 입원하여 수술을 받을 수 있도록 주님 인도하여 주옵소서.

내게 주신 하나님의 은사를 주의 영광을 위해 최선을 다해 드리길 원합니다.

이 일을 통해 하나님의 사람들로 위로받게 하시고 주님의 사랑이 경험되게 하심을 감사드립니다.

아내에게 지혜를 주셔서 온전히 주님의 손길을 의지하게 하시고 필요한 것들이 잘 공급되도록 헌신하게 하셨습니다.

속으로 많이 힘들겠는데도 바로 곁에서 힘이 되어주고 평상이 유지될 수 있도록 대처하게 해주셔서 감사드립니다.

서형이와 혜주를 생각할 때마다 힘이 되게 하심을 감사드립니다. 분당 센트럴 지회 형제들을 위로하게 하심을 감사 합니다.

박철 사장이 마음으로 곁을 지키겠노라 하니 위로가 됩니다.

박두진 사장, 임창규 사장, 노관옥 사장, 안제선 사장, 정원석 약사, 이혜경 자매, 하정진 자매, 곽영희 자매가 진단받는 날 긴급히 모임을 주선해서 기도하고 찬양하게 하심으로 위로와 힘이 되게 하심을 감사드립니다.

이는 주님께서 내게 보이시는, 함께 하시는 은총임을 믿습니다.

예수 그리스도의 이름으로 기도드립니다.

평강의 주님!

평강의 주님!
선한 일을 계획하고 스스로 행하려 하지만
우리 곁에는
더 큰 어려움이 찾아들곤 합니다.

성령의 도우심으로 흔들리지 않는 의지를 주셔서
여러모양으로 다가오는 고난의 사건들에 지혜롭게
대처하며 주님을 향한 소망의 줄을 놓지 않게 하소서.

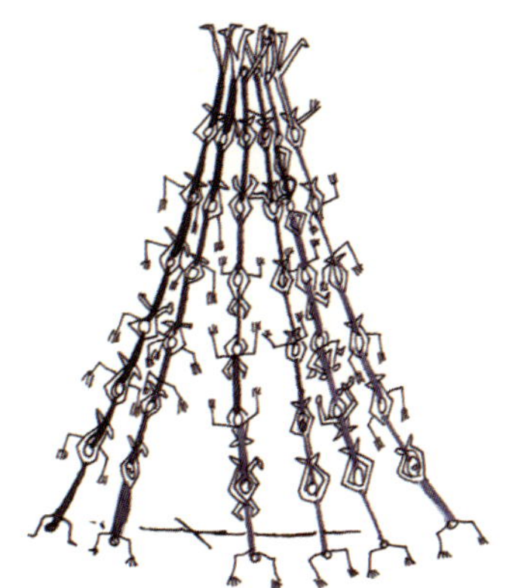

+ 효과적 열정 +

나의 왕이신 하나님!
내 입술을 정결케 하셔서
주님의 뜻에 합당하게 쓰임 받게 하소서.
때때로 이웃의 흠을 들추고 그들을 어렵게 하는 말을
한 것을 고백하오니 용서하소서.
이제 내게 주신 혀를 사용해서 사람들의 진정한 가치를 찾고
그들을 세우게 하소서.

모든 삶을 섭리하시는 하나님!
나의 심령이 가난하고 비어 있을 때가
가득 채우시는 주님의 놀라운 은총을
체험 할 수 있는 때임을 알게 하소서.
도저히 이해되지 않는 극한 상황 속에서도 침착하게
하시고 그 환경을 움직이시는 주님을 보게 하소서.

사랑의 하나님!

사랑의 하나님!

내가 겪는 고난에 대한 불평이 너무 커

그 너머 계시는 주님을 가리지 않게 하소서.

티끌만한 지식으로 주님을 제한하거나

강퍅함으로 반항하거나

연약함으로 피하지 않게 하소서.

어린아이와 같은 순진함으로 주님께

나아가게 하소서.

+ 효과적 열정 +

약할 때 강함 주시는 주님!

지금 내가 처한 상황에서 나아갈 길을 가르쳐 주소서.

아무런 대책이 보이지 않고 급한 처지일지라도

주님은 새로운 길로 나를 도우실 줄 믿습니다.

내 마음에 평강을 주시고 지혜를 주셔서

주님의 이름으로 승리하며 살아가게 하소서.

모든 문제의 해결자 되시는 하나님!
앞에 버티고 있는 어찌할 수 없는 일 때문에
당황할 때가 많습니다.
나의 눈을 여시사 하나님의 시각으로
상황을 보게 하시고 날마다 내짐을 지시며
이기게 하시는 하나님을 찬양하게 하소서.

영광 받으시기에 합당하신 하나님!

내가 하는 일들이 주님의 이름을 높이며

하나님 나라의 한 부분이 되기를 소원합니다.

나의 부족을 채우사 하나님의 역사를 이루어 가는

작은 도구가 되게 하시며 불신앙과 고질적인 교만으로

헛되이 행하지 않게 하소서.

때를 기다리는 지혜

+
효
과
적

열정
+

하나님의 선하신 뜻을 좇아

때를 기다리는 지혜를 허락하소서.

주어진 시간동안 철저한 인내로 묵묵히 기다리게 하시고

주님이 예비하신 구속과 은혜의 시간을 맞이할 때

감사와 찬양이 넘치게 하소서.

말씀하시는 주님!

나로 하여금 주님의 말씀을

믿음으로 소망을 갖게 하소서.

내 마음이 괴롭고 약해질 때
더욱 그리스도의 보혈을 의지하기 원합니다.

그리하여 구원하시는 주님!
지금도 살아계셔서 인도하시는 주님을
기억하게 하시고 평안을 누리게 하소서.

하나님!

나를 긍휼히 여기소서.

영적인 나태함과 교만이

나를 죄의 수렁으로 빠지게 했습니다.

항상 깨어있게 하시고

나의 약함 때문에 넘어지려고 할 때

주님의 강한 손으로 붙잡아 주소서.

그리하여 경건한 그리스도인의 삶을 누리게 하소서.

내 주변의 상황이 급변하고
나를 두렵게 할지라도
주님만 의지하기 원합니다.
오늘 내 마음에 평안을 허락하시고
나를 주님의 선하신 계획에 대한
믿음을 지키게 하셔서 믿지 않는 자들 가운데
주님 자녀라는 삶을 드러내게 하소서.

내가 넘어질 때 다시 일으키시는 하나님!

연약한 믿음과 나를 둘러싼 환경들이 세상의 풍파 속에서

극한 상황으로 몰아갈 때에 나를 위해 싸우시는

하나님의 능하심을 체험하게 하시고

때때로 격려가 될 수 있는 이웃을 나에게 허락하여 주옵소서.

나의 제한된 생각으로 인해 주님의 능력을 믿지 않을지라도

주님은 행하시며 이루시는 분입니다.

능히 이루실 주님을 바라보며 현재의 교만을 이기게 하소서.

모든 소유의 주인 되신 주님!
내게 허락하신 것들로 인해
주님께 영광돌리기를 원합니다.
나누어야 할 사람들에게 나누고
주의 일을 위해 쓰여져야 할 곳에 드리며
포기해야 할 것을 포기하게 하소서.
재물을 선한 도구로 사용케 하소서.

나의 전인격을 감찰하심을 믿습니다

오늘 하루 말과 생각과 행동으로 심는 나의 전인격을
눈동자 같이 감찰하심을 믿습니다.
때마다 일마다 성령의 생각과 말과 행동을 심도록
부드러운 마음, 낮아진 마음, 사랑의 마음을
잊지 않게 하소서.

+ 효과적

열정 +

상식을 초월하시는 하나님!
합리적인 생각과 이성적인 판단으로
하나님을 순간순간 제한하는 죄를 용서하소서.
허락하신 가정과 직장과, 학교생활에 성실할 때
인간의 상식과 기대 이상으로 풍성하게 채우시는
하나님을 경험하게 하실 줄 믿습니다.

나를 항상 살피시는 하나님!

이웃과의 관계에서 하나님의 눈이 항상

나를 살피심을 인식하게 하소서.

내가 알지 못하는 때에라도

이웃에게 해를 끼친 것이 있다면

용서해 주시고

이 평화 속에서 하나 됨을 지켜가는 일에

하나님의 도우심을 간구합니다.

주님께서 내게 베푸신 용서와 사랑을

이 시간 다시 체험하기 원합니다.

메마르고 좁은 나의 마음에

주님의 은혜를 되새김으로

풍성한 사랑을 이웃에게 나누며 진하게 하시고

주님을 향한 나의 영혼에도

온전한 회복이 있게 하소서.

거절당하며 상함 받고 고난당하신 주님!

이 땅의 구원을 위해 죽으신 그 뜻을 위해

나 또한 고난을 받을 때 감사하게 하소서.

복음을 위해서라면 나의 고집과 이익을 포기하며

고통이 있을지라도 그것을 감당하려는 결단을 하기 원합니다.

십자가에 달려 고통 받으시던 모습을 보며

병사가 내려치는 못 박는 소리를 들을 수 있게 하옵소서.

청지기로 세우신 나의 사명을 깨닫고

주님 앞에 더욱 경건한 삶을 살게 하시며

헛된 우상을 갖지 않게 하시고

오직 주님만 섬기게 하소서.

나의 힘이 되신 하나님 아버지!

황폐함이 몰려올 때에도 주님의 자비는 영원함을 알게 하소서.

나의 하는 일에 열매가 없으며 내세울만한 배경이 없으며

손으로 하는 생업에 이윤이 없는 그 깊은 절망 속에서도

살아계신 하나님으로 인하여 기뻐하게 하소서.

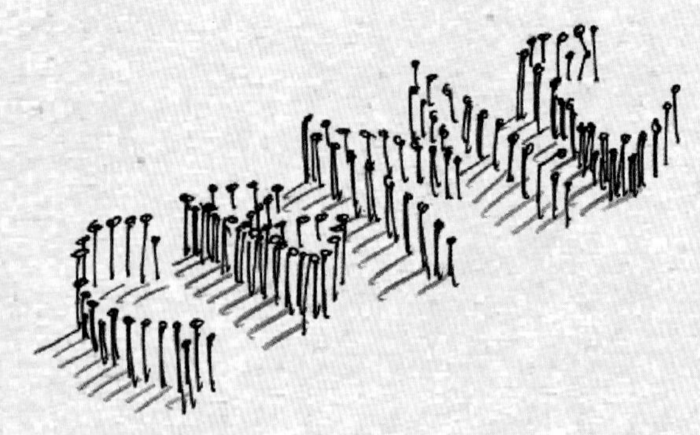

나의 욕심대로 힘을 사용하지 않게 하시고
겸손과 지혜로 주님을 위해 사용하게 하소서.
비록 나 자신이 아무것도 이루지 못한 것처럼 느낄 때에도
주님은 내 마음을 보시고 위로하심을 감사합니다.
지금의 하는 모든 일들을 내가 소중히 여기며
주님의 눈으로 바라보게 하셔서
주님의 선하신 계획에
맡기게 하옵소서.

나의 모든 죄를 깨끗이 용서하시고

나의 모든 죄를 깨끗이 용서하시고
나를 회복시키시는 주님!
주님의 그 사랑과 은혜를 잊지 않게 하소서.
그리하여 분노의 순간에도
값없이 용서를 베풀게 하시고
관계를 회복 하고져 노력하게 하소서.

+ 효
과
적
열정 +

변치 않고 나를 지키시며 도우시는 주님!

나의 연약함을 주님께 올려 드립니다.

나의 죄를 대신하여 고통당하신 주님을 알면서도

또 죄를 짓는 연약함을 용서하소서.

주님의 말씀에 거하며 지키고 그대로 은총받기를 원하오니

나를 도우시고 인도하소서.

다른 사람으로 인해 상처받고
힘들어 질 때 진심으로 용서함으로
나 자신이 회복되게 하시고
또한 나로 인해 이웃이 걸려 넘어지지 않도록
나의 전인격을 다스려 주소서.
강하신 주님의 능력으로 이 땅을 살기 원합니다.

주님의 말씀으로 하루하루를 힘 있는 그리스도인으로
살게 하시고 세상의 것을 부러워하거나
목표로 삼는 어리석음을 범하지 않게 하소서.
그래서 주님이 원하는 것을 이루게 하소서.
주님의 진정한 복음 안에 거하기를 기도합니다.

주의 말씀에 대해 더욱 분명한 지식을 가지고

주님을 알아가게 하시며,

거짓된 가르침과 속임에 대해 분별력을 가지고

주님이 다시 오실 때까지 온전한 믿음 안에 거하게 하소서.

내가 준만큼 받으려는 계산적인 사랑을 넘어서게 하시고

살며시 스며드는 서운한 마음 때문에

사랑의 마음을 희석시키지 말게 하시고

이웃사랑을 통하여 하나님 사랑을 온전히 이루게 하소서.

주님의 사랑을 더 깊이 체험하기를 원하오니
주님께 향한 나의 사랑이 깊어지길 원합니다.
그리하여 세상이 주는 유혹과 시험
혹은 핍박 앞에서도 변치 않고
주님을 사랑하며 복음을 전하고
주님을 높이는 기쁨 가운데 살게 하소서.

나의 필요를 아시는 하나님!

나의 필요를 아시는 하나님!

하나님 뜻 안에서 구하는 것을 주실 것을 확신합니다.

나의 욕심이나 이기적인 생각으로

잡동사니 푸념을 드리지 않게 하시며

하나님의 뜻을 이해하며 이루실 줄을 확실히 믿고

담대히 구하는 믿음을 소유하게 하소서.

내가 주님의 성품을 더욱 깊이 알기를 원합니다.

내 안에 가득 찬 욕심과 죄악을 버리고 주님을 닮기 원하오니

나를 정결케 하시고 주님의 마음을 채워주소서.

+ 효과적 열정 +

기쁠 때 감사하고 슬플 때
주님의 고난을 기억하게 하셔서
늘 승리하게 하소서.
이웃과 친구를 주신 주님!
또한 동역자들과 믿음의 형제, 자매들을 주셔서
감사합니다.
그들과 사귀고 나누며
그들을 통해 하나님의 사랑을 누리게 하시고
내가 도울 수 있는 그들의 필요를 섬기게 하소서,
그리하여 온전한 그리스도의 사랑을 이루게 하소서.

\+ 효과적

열정 +

말씀으로 계시하시는 하나님!
주님의 말씀은 내 발의 등불이오니
내가 걸려 넘어지지 않게 인도하여 주소서.

이미 진리를 알고 있으나 약하여 흔들릴 때에
다시금 말씀이 생각나게 하시고
주님 오실 때까지 확실한 믿음 위에서 든든히 서게 하소서.

+ 효과적 열정 +

나의 반석이신 하나님!
날마다 하나님과 동행할 때에
하나님만이 나의 확실한 보호자가 되심을 고백합니다.
나의 삶에 있어서 헛된 세상 것으로 만족하거나
그냥 던져버리는 식으로 체념하지 않게 하셔서
사탄이 나를 주장하지 못하게 하소서.

주님께서 다시 오시는날,
이 모든 것은
주님의 열방 중에 사라질 것을 믿으며
그때까지 경건함을 지키고
내게 주신 참된 복을 바라봄으로
믿음을 지키게 하소서.

나의 굳어진 마음을 깨뜨리시고
삶 속에서 참된 예배를 회복하게 하소서.
스스로 지혜 있는 자들을 부끄럽게 하시려고
어리석은 것을 택하시고
강한 자들을 부끄럽게 하시려고
약한 것을 택하신 주님.
나를 택해주셔서 감사드립니다.
내가 약할 때에 강함 주시고,
강할 때에 겸손하여 나의 힘의 근원이
주님이심을 알게 하소서!

지금 여기 계시는 하나님,
내 삶 속에 종종 어떻게 처리해야 좋을지
모를 일들이 많습니다.
나의 걱정을 뛰어넘어 하나님께서 모든 일들을
주장하심을 알게 하시고 일 속에
특별한 통찰력을 허락해 주시며
하나님만이 내가 안전히 거할 곳임을 알게 하소서.

주님의 임재아래

주님의 임재아래 하루하루를 행하게 하소서.

주님 없이 푯대를 향하지 않게 하시며

주님 없이 높은 것을 보지 않게 하시며

주님 없이 함부로 말하지 말게 하시며

주님 없이 형통한 삶을 구하지 말게 하옵소서.

+ 효과적
열정 +

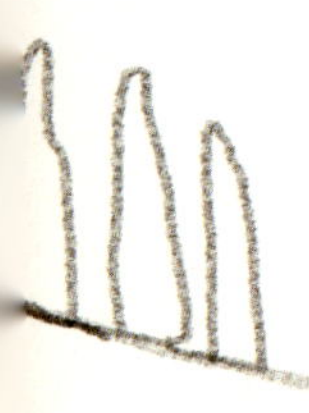

나의 필요를 채우시는 하나님,
나의 손으로 일하여 얻은 물질에 감사하게 하소서.
정직과 성실의 결과로 물질을 얻게 하시며
노력 없는 댓가에 헛된 꿈을 갖지 않게 하소서.
은혜아래 덤으로 주시는 복에 감격하며
이웃을 돌아보는 넉넉함을 소유하게 하소서.

내 마음과 생각을
주님께 드리게 하셔서 악한 것들에
지배 되지 않게 하시고
선한 생각과 거룩한 습관으로
살게 하소서.

그리하여 나의 언행을 통해
하나님을 드러내는 자 되게 하소서.
주님이 주신 말씀을 더욱 사모하게 하소서.
규칙적으로 읽고 묵상함으로 하나님의 마음을
깨닫고 느끼며 내 삶을 변화시키는 주님을
만나게 하소서.

그리하여 내 의지보다 앞서 행하시는
주님을 만나게 하소서.
확실한 하나님의 음성을 듣게 하시고
믿음의 선진들과 같이 흔들림 없이
십자가를 붙들고 참 믿음으로 순종하게 하소서.

나를 정하게 하신 하나님

나를 정하게 하신 하나님!
하나님이 원하실 때 하나님의 일을 제대로 감당하기 위해
나 자신을 잘 준비되게 하소서.

나로 하여금 날마다 하나님과 사귐을 나누게 하시고
하나님께서 내게 말씀하시는 생생한 음성을
들을 수 있게 하소서.

능력의 주님!
비록 내가 절망하고 불안해 할 때에도 주님은
나의 반석이십니다.

내게 용기를 주시고 지켜주시리라 하신 그 약속을 붙들고
항상 나 자신이 아니라 하나님 아버지를 바라보며
능력을 힘입고 담대히 살게 하소서.

모든 부요와 지혜의 근원이신 하나님,
이 세상의 헛된 것에서 부귀와 영화를 구했던
어리석은 나를 용서하소서.

예수그리스도 안에서 누리는 참된 기쁨과
하늘의 풍성함으로 인해 늘 만족하며
감사의 삶을 살도록 도와주소서.

살아계신 하나님!
나의 미래가 하나님의 손 안에 있음을 고백합니다.
하나님 아닌 다른 것으로 말미암아
지식과 정보와 살아갈 방법을 찾지 않게 하시고
나와 이 민족을 전적으로 다스리시는
하나님을 의지하며 말씀대로 살게 하소서.

지혜의 주님!

지혜의 주님!

내게 주님의 말씀을 깨달아 아는 지혜를 주소서.

세상의 변화와 내 마음의 변화에 대해 하나님께서

판단하시는 것을 알게 하시고

그럼으로써 주님께 민감하게 반응하며

주님의 뜻을 따르게 하소서.

주님을 기다리는 자에게

복을 베푸시는 하나님을

찬양합니다.

고통 중에 부르짖는 소리를 들으시는 주님!
그 무엇보다 주님의 함께 하심과 인도하심을 기다리오니
주여 오셔서 나의 아픔을 치유하시고 주님을 보게 하소서.

나를 사랑하시는 주님,

내 마음에 화가 날 때, 속상할 때, 가슴 아플 때,

세상의 염려가 밀려올 때,

주님을 더욱 바라보게 하소서.

내 입을 열어 분노를, 불평을, 걱정을 쏟는 것이 아니라

나와 함께 하시는 주님!

나를 인도하시는 주님을 보게 하소서.

영광중에 다시 오실 주님을 찬양합니다.

죄인들을 향한 주님의 사랑이 오늘 나를 용서하시고

회복 시키심을 감사드립니다.

내게 있는 고통도 주님이 함께 하시니

겸손히 인내하며 주님께 나아가 그 능력과 사랑을

체험하게 하소서.

나로 하여금 그 사랑을 깊이

알게 하시고 주님을 더욱 사랑하게 하옵소서.

사랑과 지혜

나의 문제의 해결자

나의 문제의 해결자 되시는 하나님!
때로 징계와 고난 속에 있을 때 낙담하여 포기하는
잘못을 범하지 않게 하소서.

연약한 무릎을 일으켜 세우고 구원의 하나님을
바라보게 하시며 성령의 능력으로 매일 회복케 하소서.

+
효
과
적

열정
+

모든 것을 감찰하시는 하나님.
나의 속에 작은 것이라도 거짓을 제해 주시고
정직한 영을 부어주소서.

특히 크리스찬 지도자로서 하나님의 엄위하심을
항상 기억하게 하시고 맡기신 모든 것들에서
하나님의 영광을 드러낼 수 있도록
나의 삶을 다스려 주옵소서.
오직 중심되신 그리스도만 높이는 자로….

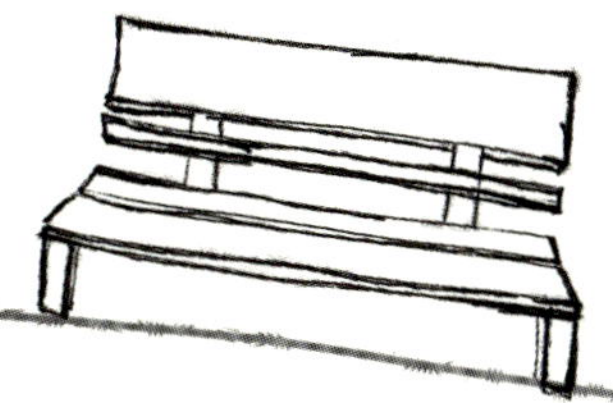

지금까지도 나를 인도하신 하나님!
굽이굽이 어려움의 파도가 몰려올 때에도
태산 같은 문제가 가로 놓일 때에도
구름기둥과 불기둥으로 이끌어 주신 주님을 찬양합니다.
눈물의 골짜기를 지날 때에도
신실하신 주님을 온전히 바라보게 하옵소서.

권위의 팔로 나를 안전한 길로

인도하시는 주님!

하나님의 말씀을 신뢰함으로

평안과 담대함을 얻어 구원을 확신하게 하소서.

자칫 하나님 자녀의 특권으로

남 앞에 죄짓지 말게 하시고

항상 정직함과 겸손함으로 나아가게 하소서.

어리석은 자가 되지 않게 하소서

내 자신의 영적 무지함으로

환난 가운데 떠도는 어리석은 자가

되지 않게 하소서.

어려움을 통해 신앙이 연단 받으며

곧 회복시키실 주님이심을 알게 하소서.

이 세상 사는 동안 나로 강건케 하시고

주님과 연합하는 기쁨을 누리게 하소서.

또한 내가 속해있는 공동체에 지도자들을 깨우시고

보호하셔서 주님의 뜻대로 인도하소서.

나의 교만함으로 죄에 무뎌지지 않게 하옵소서.
내 안에 아직도 주님을 모르는 마음과 주님의 뜻대로
순종치 않는 행동들을 보게 하시고 또 고치게 하셔서
나로 인해 주님 영광 받으시길 원합니다.

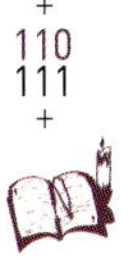

어두운 이 땅에 참 빛을 보내신 하나님,
나의 모습을 작은 빛이 되게 하시고
열방을 향하여 나아가게 하소서.
천하보다 귀한 한 생명의 구원을 위해
주님의 심장을 소유케 하소서.

인자와 긍휼로

이 민족을 사랑하시는 하나님.

거룩한 하나님의 백성으로 살기 위하여

쉬지 않고 중보하는 지체들 위에

성령의 능력을 덧입히시며

주께 돌아오는 자들이

주의 은혜를

체험하게 하소서.

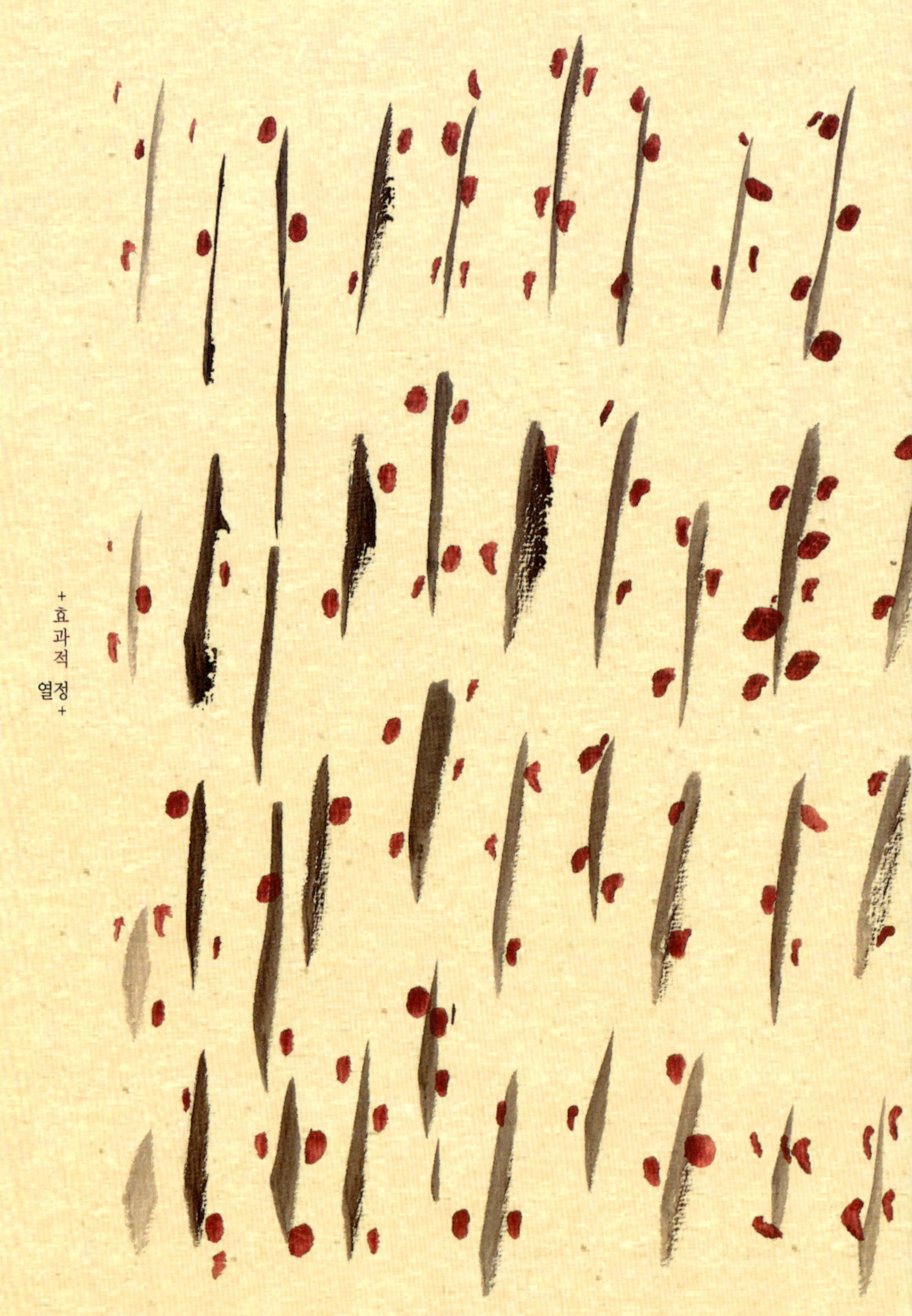
효과적
열정

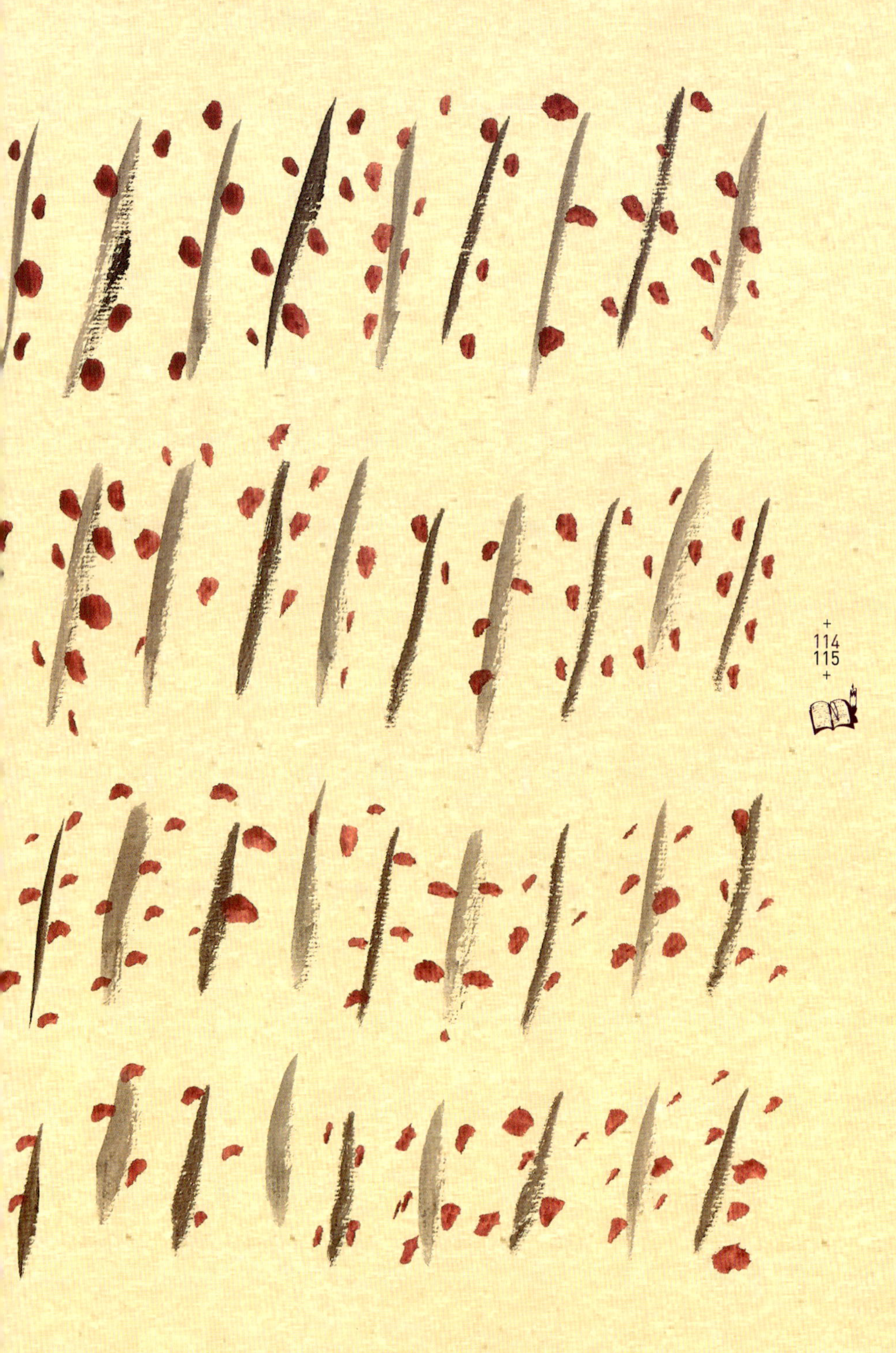

114
115

주님의 삶을 닮게 하옵소서

주님!

나의 모습 속에서

하나님께서 원하시지 않는 부분을

제해주소서.

비록 말할 수 없는 고통에 휩싸일 때에도

꿋꿋하게 인내하며

주님의 삶을 닮게 하시며

그 사랑의 손길을 깨닫게 하옵소서.

+ 효과적 열정 +

겉모양만 그리스도인이 아니라

경건의 능력을 소유하게 하옵소서.

많은 매혹적인 대상들에 넘어지지 않게 하시며

항상 주인에게

기쁨의 즙을 내는

포도송이 같은 열매되게 하소서.

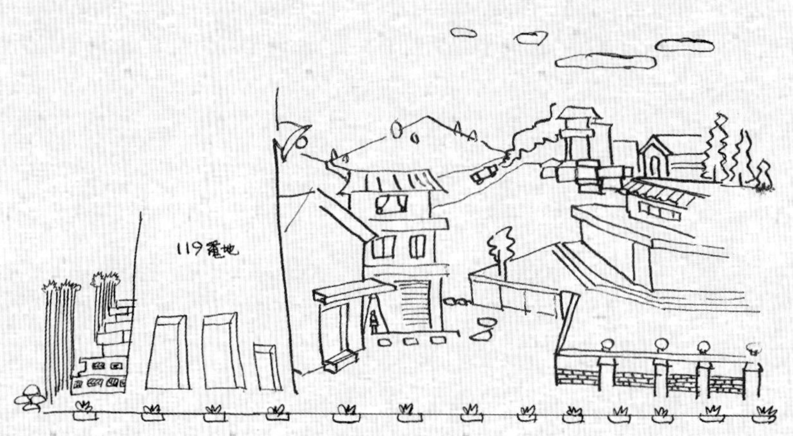

주님의 사랑과 고난을 내 마음에
그리고 내 몸에 채우기를 원합니다.
나로 그리스도를 더욱 사랑하게 하셔서
주님의 구원을 세상에 알리고져
불붙는 마음을 허락하소서.

영광의 왕이신 하나님!
형식적이고 제도적인
예배의 틀 속에 갇혀 있지 않게 하시고
구별되고 참된 예배 속에서
오직 하나님만을 경배하게 하소서.
그리하여 이 땅에서 드리던 찬양과 경배가
새 하늘과 새 땅에서도
이어지게 하소서.

오! 하나님.

나의 모든 결정과 선택에

하나님의 뜻을 알기 원합니다.

세상의 지식에 의지하지 않게 하시며

주님의 온전하신 뜻을 분별하게 하소서.

날마다 하나님을 더 알아 감으로

내 삶의 한복판에서 함께 하시는

주님의 기쁨이 되게 하소서.

아픔과 슬픔 속에 함께 하시는 주님

나의 아픔과 슬픔 속에 함께 하시는 주님!

때로는 주님의 손길이 너무나 먼 것 같아

안타까움 속에서

원망할 때도 있습니다.

나에게 닥친 일이 이성적으로는

이해되지 않을 때에라도

주님의 섭리 속에서

영광 받으실 주님을 찬양케 하소서.

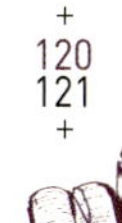

비록 내게 많은 어려움이 있을지 몰라도
이 일들을 통하여
나의 믿음을 굳건히 하시고
주님의 크신 능력을 보이실 것을 기대하며
더욱 주님께 가까이 가게 하소서.
신실하신 주님을 찬양합니다.

그 능력으로 약속하시며 지키시는 주님!

주님께 나의 어려움과 괴로움을

모두 내어 놓습니다.(가정, 직장, 인간관계)

나를 긍휼히 여기시고 회복시켜 주옵소서.

또한 함께하시는 주님을 경험하게 하소서.

내 마음에 받아들이기 어려운 상황들이 진행될 때에라도

주님은 이 상황에서도 영광 받으시고

결국은 나를 아름답고 선한 길로 인도하실 것을 확신합니다.

나의 마음을 살피시는 하나님!
입술로는 하나님을 인정하나
삶 속에서 하나님이 존재하지 않는 것처럼
이기적으로 살아온 것을 고백합니다.
이제는 나의 유익을 위해
하나님의 이름을 이용하지 않게 하시며
정직하고 선한 일을 이루게 하옵소서.
나에게 베푸신 사랑을 보답할 길이 없습니다.

나의 삶에서 남이 보기에 허비라고 여겨지는
마리아의 향유를 준비하게 하셔서
나의 미래의 보장을 넘어서서
주님께 유용한 삶으로
드려지게 하소서.

나로 하여금
주님의 자녀로 구별하셔서서
주님의 거룩하심을 따라
나도 거룩하게 살 수 있게
도와주소서.

다시 일으켜 세우시는 주님

내가 지쳐 쓰러질 때도

다시 일으켜 세우시는 주님!

항상 동일하게 베푸시는

그 사랑으로 인하여 감사드립니다.

주님의 말씀으로 평안으로 내 영혼을 채우시고

내가 그 사랑과 평안을 전함으로 주님을 알리고

전하게 하소서.

+ 효과적 열정 +

거룩하신 주님!
그리고 나를 불러 거룩한 백성으로
세우신 주님!
이 시대에 내게 맡기신 사명을 깨닫기 원합니다.
그 사명에 내가 헌신되어 결국은 하나님의
소원을 이루게 하시며 주어진 시간을 하나님의 영광을
위하여 사용하게 하소서.

나의 삶을 인도하시는 하나님!

나를 둘러싼 어지러운 상황들이

정돈되게 하시며

질서와 계획 속에서 규모 있게

하루하루를 살아가게 하옵소서.

하나님의 명령에 따라

나아가기도 하며 멈추기도 하는

영적인 민감함을 훈련시켜 주소서.

나의 역할과 직분을 감당토록 성실함과 능력을 주옵소서.

세상 모든 민족과 영혼을
주의 백성으로 삼으시기 원하시는 주님!
주님의 마음을 제대로 느끼고 전하기 원합니다.
예수그리스도의 대속과 사랑 그리고 생명을
온 세상에 전할 때에
내가 먼저 그리스도의 모습으로
겸손히 섬기게 하옵소서.

거룩하신 하나님!
나에게 깨끗하지 못한 모습이 있다면
가르쳐주시고 그것을 제할 수 있는
의지적인 결단을 허락하여 주옵소서.
남에게 손해를 끼치지 않았는지
돌아보게 하시고 용서를 구하며
갚게 하옵소서.

순결하신 주님

순결하신 주님!

죄악이 가득한 세상에서도 나를 거룩하게

지켜주심을 감사드립니다.

나에게는 아무런 힘도 없고

넘어지기가 쉽지만

주의 말씀으로 나를 보호 하실 때에

내 마음과 영이 새롭게 되오니

말씀을 주시고 주의 영으로 인도하옵소서.

내게 있는 모든 일을 주님과 함께하기 원합니다.

그리하여 나의 삶이 하나님의 증거되기 원하오니

주님의 생각을 분별하여 순종하게 하소서.

또한 주님이 행하시는 일들을

기억하며 감시하는 자로 살게 하소서.

나의 앞에 어떤 상황이나 환경이 놓여 있더라도

두려워 하지 않고 약속의 말씀을 바라보게 하소서.

내가 져야 할 십자가가 주어지더라도

천국을 향한 소망을 가지고 고난 속에서도

승리하게 하소서.

가장 좋은 것을 주시는 하나님!
나를 미혹하며 주저 앉게 하는 세상의 많은 것들이
내 앞에 펼쳐져 있습니다.
나를 강하게 하사 낙망하지 않게 하소서.
부정적인 요소들을 뛰어넘어 하나님만을
신뢰하게 하소서.

나는 많은 죄를 되풀이 하지만
용서를 구할 때마다 은혜를
베푸시는 주님!
아직도 내게는 주님을 신뢰하지 못하고
두려워 하는 부분이 있습니다.
미래에 대한 불안으로 온전히 맡기지 못하는 내게 오셔서
믿음을 새롭게 하소서.
구원의 확신아래
나만의 유익이나 즐거움으로 살지 않게 하시고
주님을 위해 헌신할 수 있는 길을 발견하게 하셔서
능력있게 살게 하옵소서.

2004년 4월 5일(월) 북경 화로우

나의 힘이 되신 여호와여!
내가 주님을 사랑합니다.
주는 나의 반석이시며 나의 요새이심을 고백합니다.
먼 곳 중국 땅에서 변함없는 주님의 사랑으로
사역의 한걸음 내딛는 성실함으로 삶 가운데
실제적인 경험되게 하시오니
감사와 찬송을 올려 드립니다.

+ 효과적 열정 +

여호와의 말씀을 힘써 지키며
그 가운데 기록한대로
다 지켜 행하는 자의 형통함이 어떠함을 알게 해주옵소서.
또한 온전히 주님만을 의지하고 의뢰하는 자가 되어
장차 누릴 은혜의 상급이 그 무엇과도 비교할 수 없는
평안과 기쁨인 것을 체험하게 해주옵소서.
장차 새 하늘과 새 땅에서 누리게 될 하늘나라의 소망이
더욱 견고하게 하심 또한 감사드립니다.
내 주님 여호와여!
주의 이름이 참으로 큽니다.

　빡빡한 여행일정으로 아내가 감기와 몸살기운이 있습니다. 수척한 육체적 피로가 영적으로 회복될 수 있도록 은혜 베풀어 주셔서 강건을 허락해 주옵소서.

　부부가 함께하는 사역을 통해 하나님의 마음이 전해지게 해주시고 소망의 주님을 함께 바라보며 평생의 은혜를 함께 누릴 동역자로 동일한 비전을 품게 해주옵소서. 아내에게 주신 주를 사모하는 마음이 깊은 영성이 되게 하셔서 진심으로 한 영혼을 사랑하는 마음을 갖게 하시고 만나는 모든 사람들을 하나님의 사랑으로 영향력 있는 영적 리더로 세워주시기를 기도드립니다.

　주님 사용 하시고저 할 때 가장 깨끗하고 정결한 영으로 나아가도록 준비되고 쓰임받도록 주의 영을 갑절이나 더하소서.

아버지! 오늘 점심에는 왕 회장과 중국 리더들과의 오찬이 있습니다. 하나님께서 이미 예비하신 섭리 가운데 움직이는 것을 믿습니다. 이 큰 대륙 중국을 복음화하는 구체적 전략의 하나로 미래를 준비하는 차세대 리더들을 세울 수 있도록 한국의 파란회와 중국 청년단의 연계를 이루는 소중한 만남을 주시기를 기도합니다.

언어가 통하지 않는 불편함을 하나님의 도우시는 은혜로 주신 영적은사로 중요한 부분의 공감을 이루게 하셔서 그 거룩한 나라를 세우는 일에 잘 사용되는 도구들 되게 해주옵소서.

아버지 우리에게 깨끗한 마음을 주세요. 그리고 저녁에는 북경 Y를 창립하고 태동하기 위한 소그룹 모임을 갖게 됩니다.

아버지 저를 이곳에 보내셨사오니 모인 자들에게 바른 정체성과 사명을 잘 인식하도록 돕게 하시고 세워지는 공동체에 또 하나의 열매를 바라시는 주님의 은총이 드러나는 시간되게 해주시옵소서.

아버지 제 모습 속에서 주님의 형상이 발견될 수 있도록 입술과 혀로 하는 메시지에서 전인격을 드린 헌신의 삶으로, 충성된 제자의 순종하는 겸손한 삶으로 강단에 선 자체가 복음이 될 수 있도록 주의 영을 갑절이나 더하여 주시옵소서.

입술과 마음에 성령의 기름부음을 주셔서 힘있고 능력있는 말씀을 전하게 해주옵소서.

아버지 이 일이 잘 이루어지길 위해 해결하고 극복해야 할 문제가 있음을 알게 하신 주님을 찬양하오니 제가 화평의 도구로 평안을 잇는 도구로 온전히 사용되게 해주옵소서.

4월 13일(화) 맑음

　기도 들으시는 하나님! 고통과 환란 가운데서도 기도하면 응답 하시는 자비와 긍휼의 하나님!

　주님의 이름을 부르며 무릎 꿇고 긴밀한 교제 가운데 위로를 주심에 감사와 찬양을 드립니다. 아버지 이 땅을 살면서 어쩔 수 없이 당하는 곤고한 일을 만날 때마다 낙심하거나 분노하지 말고 야곱이 그리했던 것처럼 벧엘로 올라가서 하나님께서 나를 만나 주시고 축복의 말씀으로 언약해 주신 것을 기억하며 감사의 예배를 드리게 해주옵소서.

아버지 제게 언제든지 올라갈 벧엘을 주셔서 감사합니다.

아침마다 주님을 만남으로 삶의 바른 방향과 목적대로 진실하게 살아가도록 은총 베풀어 주시고 제게 주신 사랑을 더 많은 곳으로 흘러 넘치게 하는 축복의 통로로 사용되게 해주옵소서.

사랑합니다. 주님!

오늘 아침에 장모님 종합검진이 있습니다.

소화가 안됨으로 시작된 검진인데 이번 검진을 통해 문제점이 발견되어 잘 치료될 수 있도록 도와주시옵소서. 큰 병이 아닌 습관을 고쳐 회복할 수 있는 작은 병이 되도록 검사하고 치료하는 의사에게 주님의 손을 더하여 주옵소서.

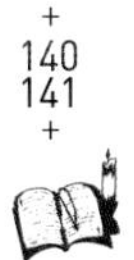

주님 이제 70을 지나서 남은 생애를 기쁨과 감사로 충만한 은혜의 삶을 사실 수 있도록 건강을 더하여 주시기를 간구합니다.

바라건대 주께서 내게 복에 복을 더하사 나의 지경을 넓히시고 주의 손으로 나를 도우사 나로 환란에서 벗어나 근심이 없게 하옵소서. 예수님 이름으로 기도드립니다. 아멘.

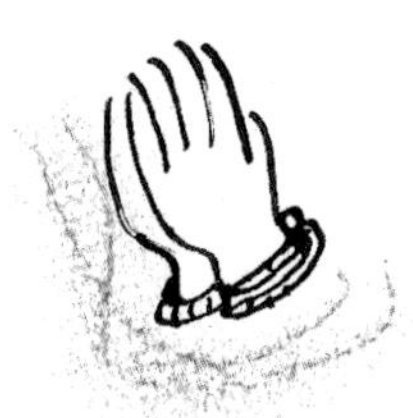

6월 13일(토) 맑음

　사랑과 자비의 주 하나님. 나의 힘이 되시며 치료자가 되시는 여호와 하나님!

　주의 이름을 높이 송축하며 찬송합니다.

　아버지 내게 젊은이들과 같은 체력을 주셔서 동시에 많은 일을 해낼 수 있는 은총을 주셨는데 이제는 나이가 들어 힘에 부칠 때가 있음을 고백합니다.

요즘 들어 체력의 저하됨을 피부로 느낄 정도로 깨어있어도 깬 것 같지 않고 잠을 자도 자는 것 같지 않은 힘든 상황들이 있습니다.

아버지 이제는 스스로 체력관리도 지혜롭게 하기 원합니다. 일정을 세우며 해야 할 일들을 계획할 때 정말 소중한 일들을 선택하여 집중할 수 있도록 주의 도우심을 더하여 주옵소서.

아버지 나에게 주님이 주되심을 선포하는 영향력 있는 삶을 주셔서 요셉과 같은 유익이 되는 삶을 허락해주시기를 소원합니다.

아버지 꿈의 해몽과 더불어 대책까지도 분명하고 확신 있는 답을 제시했던 요셉의 총명함과 지혜를 오늘 제게도 동일하게 허락하여 주셔서 가는 곳, 그곳이 어디든지 이와 같은 능력의 삶을 살게 해주옵소서.

또한 자신에게 직분과 역할이 맡겨졌을 때 성실함으로
감당했던 것처럼 주님 제게도 그와 같은 은혜와 은총을 주
옵소서.

아버지 말씀과 찬양된 기도 가운데 주의 영광을 송축하
게 하시며 성도들과의 교제를 통하여 거룩한 영향력을 세
워갈 수 있게 도와 주옵소서.

오늘 예배중에는 성가대의 찬양에서 유옥형 집사가 생명의 양식을 솔로(solo)로 하게 되는데 아버지 영광 받아주시고 온 회중으로 성령의 충만한 은총을 함께 누리는 은혜를 주옵소서.

아내에게 가장 최상의 마음으로 전인격을 다해 고백하는 사랑의 마음으로 노래하게 해주옵소서.

요한계시록 성경공부 소그룹 시간을 축복해 주셔서 소망과 가야할 길을 바로 인도하는 은총의 시간 되게 해주옵소서.

8월 2일(월) 무지하게 더운 날

은혜와 평강의 주님!

부족한자의 필요를 더 잘 아시고 미리 쓸 것을 채워주시고 공급하여 주시는 그 크신 사랑에 감사와 찬양을 드립니다. 아버지께서 구약시대 이스라엘 백성들에게 끊임없이 하신 말씀이 '내가 거룩하니 너희도 거룩하라'는 말씀과 '나는 너의 하나님 여호와라' 하신 음성이 오늘날에도 동일하게 제 귀나 가슴에 들리도록 열린 마음 주심을 감사드립니다.

평강의 주님! 선택받은 주의 백성이 행해야 할 바른 행실에 대한 구체적인 삶을 모습까지도 알려주신 그 사랑을 깊이 인식하고 오늘날 어떻게 적용하고 따라야할 지를 바로 깨닫고 살 수 있도록 지혜와 총명을 더하여 주옵소서.

아버지 저는 주의 것입니다.

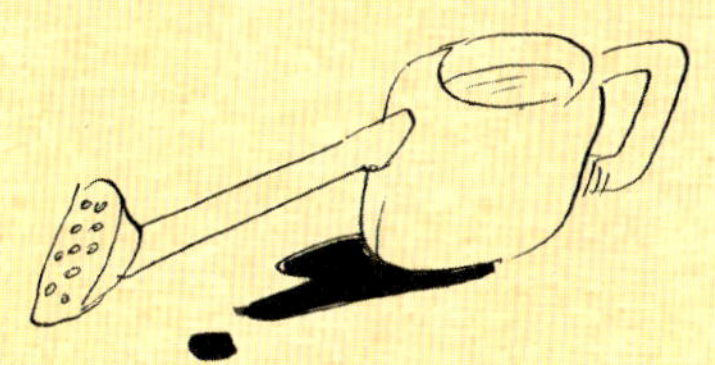

　지난 주간 중국방문을 통하여 숨 가쁜 시간들을 보냈지만 그러한 가운데서도 주님과 동행하는 것을 잊지 않고 때마다 일마다 주님을 의지하며 내가 하는 행동이 무엇인가를 생각하게 인도하셨음을 감사드립니다.

　동관 CBMC 창립과 중국대회 화마오 국제학교 교사 7가지 습관(7-habits) 등을 통해 작은 자 미천한 자를 통하여 씨앗을 심게 하신 하나님의 사랑에 감사드리며 지속적으로 기도하여 물 주어 자라게 하실 하나님을 기대하며 열매 맺는 것을 목도하게 해주옵소서.

아버지 이러한 귀하고 소중한 일에 사용되어 존귀함을
받는 것만으로도 놀라운 축복과 인치시는 주님의 사랑임
을 깨닫고 인간적인 욕심이나 탐욕을 버릴 수 있도록 주의
영을 더해 주옵소서.

150
151

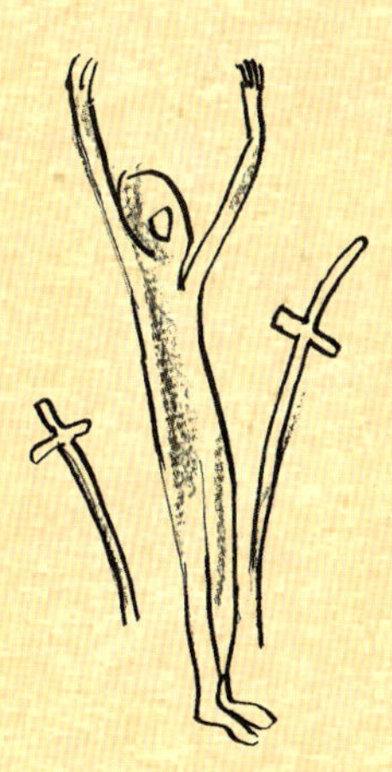

그리고 기도 I

하나님의 사역

하나님의 사역을 감당할 때 인간적인 방법이나
사람의 영광을 구하는 일들이 없게 하시고
오직 하나님께 부족함이 없는 자로
나의 영적인 부분을 돌아보게 하소서.

하나님을 향한 사랑과 영혼을 향한 사랑이
내 삶의 동기가 되길 원합니다.

거룩함을 좇아 살게 하시고
또한 지금 내가 하는 모든 일에서의
성실함을 쌓아 이웃에게
영적 감화력 뿐 아니라
구체적인 삶의 도움을 줄 수 있도록
은혜 내려 주소서.

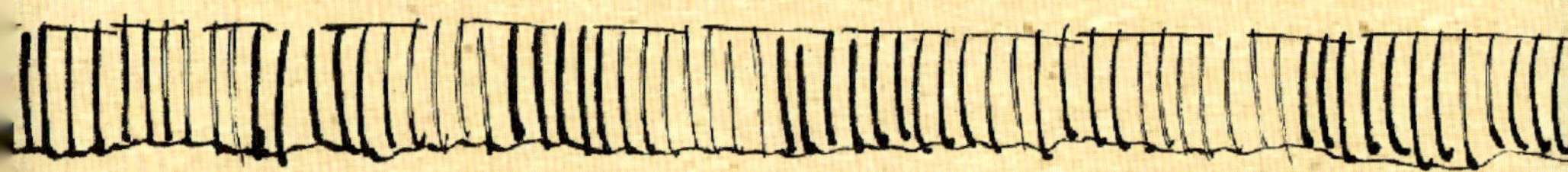

말 씀

말씀으로 나를 새롭게 하시는 하나님.

나를 겸손하게 하셔서 주의 말씀 앞에서

잠잠히 묵상하게 하시며

하나님을 경외하게 하소서.

어느 곳에서나 복음을 전할 수 있도록

영혼에 대한 사랑과 명령을

순종하고자 하는

신실함을 제게 허락하소서.

모든 은금의 주인이신 하나님.

나에게 허락하신 경제적인 궁핍함과

부요함이 모두 주님의 손안에 있음을 고백합니다.

이 땅을 살아갈 동안 재물로 인하여

죄 중에 빠지거나 이웃을 해하지 않게 하시며

정직한 청지기가 되게 하소서.

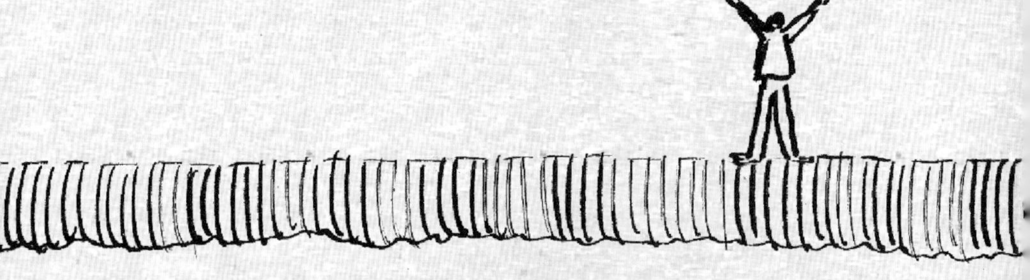

언제나 나와 동행해 주시는 주님!

언제나 나와 동행해 주시는 주님!

주님의 놀라운 지혜와 아름다운 말씀에

귀 기울이기 원합니다.

그 안에서 세상의 재물로 얻을 수 없는 기쁨을 구하오니

말씀이 우리 가정에

지속적인 목표와 보배가 되게 하소서.

현재의 믿음을 굳게 잡으며 소망 중에

주의 날을 바라고

이 땅에서의 남아있는 시간동안

내게 주어진 사랑의 일들을 쉬지 않게 하소서.

거짓이 없으신 하나님!
무심코 은 일들 속에서도
모두가 합리화 시키는 대수롭지 않은 일에도
정직의 잣대로 옳게 고치게 하소서.
날마다 내안에 정직한 영을 창조하시고
새롭게 하셔서
마음이 청결한 나를 통해
하나님을 보게 하소서!

사랑하는 하나님!

사랑하는 하나님!

종말의 징조를 보여주셔서 둔한 나를 깨우치시는

주님의 세심한 경고에 민감하게 하소서.

거짓된 미혹에 흔들리지 않게 하시고

하나님의 말씀으로 무장하여

철저한 순종과 인내함으로

성령 안에서 온전히 열매 맺게 하소서.

위로의 주님!

나의 입술을 주장하셔서 어려움 가운데 있는

형제와 자매를 세우는 도구가 되게 하소서.

+ 효과적 열정 +

세상에서 나를 유혹하는 것들과 좌절케 하는 상황들 속에
성령께서 주시는 소망으로 이웃을 권면하게 하셔서
함께 승리케 하소서.

삶의 일터를 허락하신 하나님!
사업장이 하나님이 거하시는 곳이 되게 하시며
나에게 맡겨진 일들을 청지기 정신으로 규모 있게
감당하게 하소서.
일터를 드나들며 만나는 모든 사람들이
하나님의 임재를 느낄 수 있도록 일하는
공간을 다스려 주옵소서.

온유와 지혜의 주님

온유와 지혜의 주님!

나의 생각과 입술에 임하여 주셔서

내 안에 순간적으로일어나는 분노와 자존심 가운데서도

나를 향해 늘 참으시는 주님의 마음을 기억하게 하소서.

그리하여 내 삶을 주관하시는 주님의 모습을

관계를 통해서도 증거하게 하소서.

주님!

나는 때때로 내가 뛰어나고 능숙해서

지금의 것들을 이룬 줄로 착각합니다.

그러나 지금의 이 위치,

이 자리는

주님이 주신 것입니다.

내게 주신 재능과 자격들을 주님이 계획하신 것들을

이루는 도구로 사용하여 주소서.

거룩하신 하나님!
하나님을 사랑함이 자연스럽게 교회 속에 나타나
어느 한 구석도 소홀히 하지 않기를 원합니다.

부득이 함이나 억지로 하나님을 섬기지 않게 하시고
모든 것을 다 드리고도 부족한 마음으로
감사와 감격이 넘치게 하소서.

나의 전부이신 하나님!

나의 전부이신 하나님!
하나님을 사랑하고 더 알아가며 누리는 기쁨이
정말 나를 만족케 하시니 감사합니다.
있을수록 더 가지려는 나의 허한 마음을 내려놓게 하시고
매일매일 채우시는 그 넘치는 은혜를 헤아려볼 수 있는 민감성을
내게 더하게 하여 주소서.

+ 효 과 적 열정 +

나에게 분명하게 말씀하시는 주님!
나의 입술에 정직의 기름을 부으소서.
그리하여 사람들의 닫힌 마음을 풀고
상한 마음을 위로하고 지친 마음에 용기를 줄 수 있는
입술이 되어 외로운 자에게 예수 그리스도를 전하는
친구기 되게 하소서.

주님의 거룩한 삶을 따르기 원하오니

내게 분별력을 허락하여 주소서.

열정을 가지고 행하여야 할 일과 분명하게 끊어야 할 죄,

포용하고 받아들여야 할 것들을 분별하게 하셔서

나로 주님의 계획을 이루는 도구가 되게 하소서.

이 시간 내 심령의 진정한 회복을 구합니다.

내 힘으로 이 유혹과 어려움을 이기고자 하는 마음을

벗어버리고 주님 앞에 무릎 꿇었사오니

나의 죄를 용서하여 주시고 정결한 마음으로 회복시키소서.

온전한 지혜로 나를 이끄시는 하나님!

온전한 지혜로 나를 이끄시는 하나님!

유한한 지식과 온갖 궁리로

혼란에 쌓여있는 미련함을 용서하소서!

중요한 일을 만날 때마다

무엇보다 먼저

하나님의 결정과 인도함을 좇아가는

담대한 믿음과 마음의 평안을 소유케 하소서.

크고 힘 있고 능력 많으신 하나님!

나의 부족함 때문에

주님의 영광이 가려지는 때가 있어

안타까운 마음을 내어 놓습니다.

태산 같은 어려움 앞에서도 전능하신 하나님을

전적으로 의뢰하게 하시고 주님으로 인하여

승리하는 날들이 되게 하소서.

나의 문제를 가장 잘 아시는 주님!
이 시간 나를 꼼짝 못하게 하는
거대한 염려덩어리를 주님 앞에 내려놓습니다.
전 인격적으로 드리는 애 끓는 기도와
나의 전 생애가 녹아있는 눈물을
주 앞에 드리오니 하나님이 행하시는
기적을 체험하게 하소서!

164
165

우리의 체질을 아시는 하나님!

+ 효과적 열정 +

우리의 체질을 아시는 하나님!

내안에는 작은 틈만 있어도 슬그머니 나를 드러내고자 하는

본성이 자리 잡고 있음을 고백합니다.

성령께서 나를 온전히 주장하셔서 다스려주시고

변화시켜주시며 인도해주소서!

성령의 열매들을 풍성히 맺어가게 하소서!

죄를 미워하시는 하나님!

하나님과 교제하기를 원하면서도

여전히 세상을 따라 사는 헛된 삶을 고백합니다.

날마다 죄를 죽이며 속사람을 새롭게 하여

은혜 안에 자라가게 하시고 하나님을 두려워함으로

거룩함을 온진히 이루게 하소서.

나의 고난을 아시고 그 이유를 가지신 주님!

이것이 나의 죄로 인한 고난이라면

이 시간 그 죄를 깨닫고 회개하기 원합니다.

괴로움을 참된 영광의 시간으로 바꾸실 주님을 기대하며

주님이 주시는 고난 앞에 더욱 겸손한 자가 되게 하여 주옵소서!

훌륭하신 하나님!

하나님 앞에서 어긋난 길로 가며 잘난 척하며

하나님의 진노를 불러일으키는

백성들과 한가지로 살아가는 나를 용서하소서.

이 세상에 살면서도 주 앞에서 마음을 찢는 겸비함으로

한량없으신 주님의 긍휼을 맛보게 하소서.

끊임없이 자녀를 사랑하시는 하나님

끊임없이 자녀를 사랑하시는 하나님!

하나님의 백성으로 살아가려 하지만

잘못된 선택으로 자주 넘어지는 나의 모습을 봅니다.

죄의 권세를 끊어버리며

습관적으로 길들여지지 않게 하시며

성령 안에서 참된 자유를 누리게 하소서.

또한 주님을 향한 소망으로 부요한자가 되게 하소서.

+ 효과적 열정 +

온전한 헌신과 순종을 기뻐하시는 하나님 !

우리는 다 양 같아서 그릇 행하여 목자의 뜻을 좇지 않으며

홀로 불순종하며 다른 데로 가기를 즐겨합니다.

나를 가장 잘 아시는 주님의 손아래서

고통의 훈련들을 감당하게 하시며

변화된 삶이 있게 하소서.

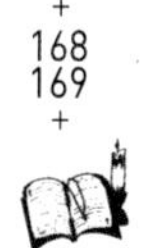

우리 속에 착한 일을 시작하신 주님!

내가 어려운 상황에 있을 때에도

복음으로 교제할 이웃을 주셔서 감사합니다.

우리가 서로 생각할 때마다 기쁨이 넘치게 하시며

함께 나눌 은혜가 있게 하시며

그리스도의 심장으로 사랑하며 중보하게 하소서.

낮은 자리를 택하신 주님!

+
효
과
적

열
정
+

낮은 자리를 택하신 주님!

이 땅에 오신 주님을 찬양합니다.

주님을 닮기 원하지만

항상 욕심을 버리지 못하는 내게 겸손을 허락하소서.

그리하여 내가 기대하지 않는 상황에서도

감사함으로 영혼들을 섬기며

주님의 마음을 깨닫게 하소서.

나를 사랑하시는 주님!

세상의 가치 판단은 사람들의 소유와 능력에 있지만

주님은 나를 믿음하나로 인정하십니다.

주님의 눈으로 나로 세상을 보게 하시고

다가오는 모든 시험 가운데 승리하며

복음을 전하게 하소서.

나의 소망이 되시는 주님!

주님의 일에 대한 열심이 때로는 나를 침체시키며

이미 지나간 실패들이 나를 주저앉게 만듭니다.

나를 부르신 소명을 새롭게 확인하게 하시며

하늘나라의 시민권에 부끄럽지 않게 돛대를 향하여

계속 나아가게 하소서.

어두운 고통의 자리에서도

성령의 능력으로 기뻐할 수 있게 하소서.

마음속 깊이 자리한 해묵은 염려와 한숨들을

감사의 언어로 바꾸어 하나님께 아뢰게 하셔서

나의 마음과 생각을 평강으로 이끌어 주소서.

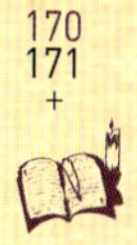

나에게 주신 돕는 배필

나에게 주신 돕는 배필을 통해

연약과 부족을 채우게 하시며

그를 내 몸 같이 사랑하게 하소서.

또한 상처나 아픔으로 깨어진 가정들이

하나님의 은혜를 깊이 깨달아

온전한 가정으로 회복되게 도와주옵소서.

주님과의 아름다운 사귐을 누리지 못할 때마다

곧바로 주님께 나아가는 자 되길 원합니다.

그리하여 회개하며 용서받음으로 주님이 기다리는 자리에

서게 하시고 주님을 예배하는 기쁨 회복…

나를 위한 계획을 예비하신 주님

내가 생각하기에 어렵고 힘든 상황일지라도

주님을 따르기 원합니다.

또한 나의 모든 계획과 생각을 주님께 맡기오니

나를 사용하셔서 세상을 향한

주님의 구원계획을 알리게 하소서.

성도의 이름에 합당한자로 살기위해 매일 주님의 말씀에

귀 기울이며 순종하는 삶을 통하여 주님을 나타내소서.

이 세상에서 고난과 풍파가 심하고

고통의 날이 계속될지라도

하나님께서는 여전히 나를 보호해주시고

인도해 주실 줄 믿습니다.

진정한 나의 반석이신 예수 그리스도를 바라봄으로

어떤 상황에서도 평안과 기쁨과 만족을 누리게 하소서.

살아가면서 선택해야 할 여러 상황 속에서

하나님을 중심에 모시기를 원합니다.

개인적인 욕심만을 위해 행치 않게 하시고

하나님의 뜻과 이웃의 기쁨에서 보는

위로와 평강을 누리게 하소서.

주 님

주님. 연약한 내 심령에 긍휼을 베푸셔서 지치고

상한 마음을 회복하여 주소서.

기다리기에 지쳐 이미 포기하고 싶은 믿음을

일으켜 세우시고 나로 하여금

다시 한 번 그 약속을 기억하게 하소서.

말씀을 내게 주셔서 주의 날을 보게 하소서.

우리 가정 안에서 계획하는 크고 작은 모든 일에

하나님의 인도하심을 구합니다.

제한된 인간의 생각이 앞서지 않게 하시며

하나님을 전적으로 신뢰하며 그 분의 섭리 속에서

가족들을 다스림을 믿음의 눈으로 보게 하소서.

사람의 방법으로 믿음을 제한하지 않게 하소서.

내 할일만 하고 자기 것만 챙기는

삭막한 세상에서 살아가지만

때때로 은혜로 주신 따뜻한 이웃으로 인해 감사드립니다.

내 주위에 도움이 필요하거나 안식이 없는 나그네가

누구인지 섬길 수 있는 눈과 마음을 넓혀 주소서.

영적전쟁에서 승리할 수 있도록

기도할 지혜들을 주시고

말씀이 비추어져 나의 행위를 살피게 하소서.

죄악 속에 무뎌진 채

죄를 죄 아닌 것으로 여기지 않게 하시고

경고의 말씀을 피부로 느낄 수 있는 민감함과

성령의 인도로 하나님의 진리 속에서 결단하게 하소서.

날마다 말씀으로 교훈하시는 하나님.

왕 같은 제사장으로 골육지책을 위하여 기도하게 하시고

그들이 구원의 은혜를 맛보며

새 힘을 얻을 수 있도록

내게 중보의 능력을 더하여 주소서.

기도를 들으시는 주님

기도를 들으시는 주님!

나의 간절한 소망과 다른 이들의 필요를

돌아보시는 줄 믿고 감사드립니다.

나로 하여금 세상에서 일어나는 일들에 관심을 가지고

그들을 위해 기도하는 자가 되게 하소서.

또한 언제나 구별된 삶으로 기도의 능력을 체험하게 도와주소서.

하나님의 때에 주님의 뜻대로 이끌어주셔서

내 삶에 기쁨을 주시고 주님을 나타내심을 감사드리며,

앞으로의 일을 항상 기대함으로 기다리기 어려운 순간들도

참고 주님의 계획에 순종하며 살게 하소서.

주님, 나를 통하여 주님의 거룩하심과 놀라운 능력이

드러나기 원합니다.

+ 효 과 적

열정 +

주님 앞에서의 경건한 삶으로 세상 사람들 앞에

하나님을 증거하게 하시고 그들로 주님을 믿도록

인도하는 자가 되게 하소서.

나의 삶을 친히 인도하시는 주님.

나의 일상 속에서 무슨 일을 하든지 겉으로만 아니라

주님께 하듯 전인격적으로 이웃을 섬기게 하소서.

나의 도움이 필요할 때에는

하나님의 뜻을 구하며 그분의 인도하심에 따라

신실한 섬김의 도구가 되게 하소서.

나의 삶을 인도하시는 하나님.

인생의 또 다른 시기마다 중요한 결정을 해야 할 때

성령께서 도우셔서 하나님을 중심으로 한

믿음의 결단을 할 수 있기를 원합니다.

또한 말씀을 묵상하는 사람과 삶을 나누게 하셔서
하늘로부터의 위로를 누리게 하소서.
내세울 것이 없음에도 주님의
온전한 은혜 베푸심에 감사드리며

주 앞에 더욱 경건하고 의로운 자로 서게 하셔서
구원의 복된 삶을 자녀들에게
물려 줄 수 있는 부모 되게 하소서.

거짓이 없으신 하나님.
사소한 것에서도 자신을 보호하기 위해
거짓말을 서슴지 않는 미련함을 용서해주소서.

아주 작은 것에서 시작되지만
점점 눈덩이처럼 불어나 수습할 수 없는 상황에서
수치를 당하지 않도록 매순간 나를 다스려 주소서.

주어진 성품

주어진 성품을 잘 알아 활용하게 하시며
나에게 부족한 것을 채워가게 하소서.
하나님이 주신 것중에 소중한 것이 무엇인지
자각하게 하시며 눈앞의 어려움 때문에
주어진 복을 가볍게 여기지 않게 하소서.

하나님께서는 선하신 언약을
이루어 가시는데 나는 둔하여 제대로 깨닫지 못하고
부정한 방법과 수단으로
과도한 열심만을 고집해 왔음을 용서하소서.

신실하신 하나님!
진실로 하나님께서 원하시는 것이 무엇인지 헤아리는
영적인 통찰력을 허락하소서.

세상의 역사와 모든 것이
주님의 뜻 안에 있는 것을 믿습니다.
내 마음대로 되지 않고,
공의가 실패하는 것처럼 보일지라도
선하신 주님의 계획을 기대합니다.

주님이 약속하신 것들을 이루소서.
넉넉한 사랑으로 나를 품어주시는 주님.
자녀들과 친구와 이웃에게 필요한 것을 채우는 자로
나를 세우소서.

그리하여 그들이 나를 통하여 하나님께서 주시는
사랑을 알게 하시고
평안함 가운데 바른 시작으로
하나님의 기준과 복을 바라보게 하소서.
늘 곁에 계셔서 동행하시는 하나님.

나의 뜻대로 행하다가
종종 외로움과 암담함의 긴 터널을 만나기도 합니다.
그래도 하나님은 변함 없으셔서
여러 모양으로 계시하심을 감사드리며
하나님과의 만남의 경험이 일생동안 소망으로
이어지게 하소서.

사랑하는 지체들을 만나게 하시고 사귀게 하셔서
그들과 함께 있을 때에 주시는
위로와 말씀을 듣기 원하오니
주님 계획하신 선한 만남을 주소서.

내가 당하는 고통

내가 당하는 고통은 나 자신의 죄로 인한 고통이지만
예수님께서 당하신 희롱과 침 뱉음과 못 박힘의 고통은
하나님의 영광과 온 세상 사람들의
구원을 위한 것이었습니다.

이 순간 삶을 돌아보며 십자가의 사랑을 허락 하소서.
나의 기도를 들으시는 주님.
주님의 응답을 기다립니다.

때로 낙심되어 포기하고 싶은 나의 연약함을 돌아 보시고
계속해서 기도하게 하소서.

또한 주님이 주신 약속의 말씀이
이루어질 때까지 믿음으로 기다리게 하소서.

하나님 없이 교만한 영광을 누리지 않게 하시고
하나님과 더불어 기업을 소유하게 하소서.

이 땅의 것들로 인해

내가 좌절하거나 낙심치 않도록 붙들어 주소서.

세상에 있는 소유나 능력은 언제든지

무너질 수 있음을 기억케하시고

어려움 중에도 주님을 향한 소망으로

기뻐하게 하소서.

거룩하신 하나님!

하나님의 거룩한 성품을 닮아

거룩한 삶을 온전히 좇게 하소서.

외모로 사람을 취하시지 않는 하나님 앞에서

부끄러움 없는 믿음 뿐 아니라

행위가 따르게 하시고

겉모양만 보고 사람을 잘못 판단하지 않도록

명철을 더하여 주소서.

친히 소유된 백성으로 택하여 주신 하나님

친히 소유된 백성으로 택하여 주신 하나님.

나를 또한 왕 같은 제사장이 되게 하시니 감사합니다.

나의 마음속에서 외식과 시기와

모든 부정적인 요소를 버리고

긍휼을 얻은 자로서 거룩한 사명을

잘 감당하게 하시고

신령한 말씀으로 성숙하게 하소서.

주님 나를 통하여 주님의 형상이 드러나며

주님의 이름이 높임 받게 하소서.

내 안에 있는 이기심과 죄된 습관들을

계속적으로 끊어버리고

세상에서 주어진 의무에 책임을 다하여

주님사랑으로

이웃을 섬기게 하소서.

시련 중에도 항상 함께하시는 하나님!
내가당하는 고난의 소행으로가 아니라
주님의 이름 때문에 당하는
복 있는 고난이 되게 하소서.

이 고난의 문을 평안 속에서
겸손과 견고한 신뢰로 지나가게 하시고
하나님의 뜻을 헤아리는 믿음을 주소서.

주님! 내가 처한 위치에서
해야 할 일들을 알게 하소서.

도와야할 사람들을 놓치지 않게 하시고,
본받아야 할 이들을 따르며 대접하고
본을 보여야 할 자들에게
진정한 지도자의 모습을 드러내며
잘 섬기게 하소서.

+ 효과적

열정 +

마중물

한 바가지의 마중물로 펌프는 끊임없이 물을 끌어올린다. 아빠는 자신을 소개하실 때 항상 '이 시대에 마중물과 같은 역할을 하는 사람이 되고 싶다'고 말씀하셨고, 명함에도 작은 펌프에 물을 붓는 바가지의 이미지를 새겨 넣으셨다. 아빠는 사람들 속에 숨겨진 가치와 잠재력을 그들 스스로 끌어올릴 수 있도록 해주는 사명을 갖고 계셨다. 그로 인해 그들의 삶이 변화되고 열정이 되살아났을 때 가장 보람을 느끼셨다.

딸 **안혜주** 작품
가로 29cm X 세로 21cm 종이에 색연필, 수채화물감

나를 견고케 하시는 하나님

나를 견고케 하시는 하나님!

주위에는 우는 사자 같이 두루 다니는

악한 세력들이 있습니다.

항상 깨어 있어서 그 악한 공격들을 이겨내게 하소서.

이 땅에서 성도로서 살아가며 당하는

모든 고난을 이기도록 서로 중보하게 하소서.

순결하신 주님!

그 거룩한 손길로 나를 다듬으소서.

주님이 허락하신 고통의 시간 속에서

더욱 주님을 바라보게 하시며

주님께 가까워지게 하셔서

세상의 어려움을 잘 이겨내고

주님의 마음과 뜻을 밝혀 드러내게 하소서.

이 땅에 살면서
눈에 보이는 소유나 능력에
나의 모든 것을 바치는
어리석은 삶을 살지 않게 하시며

하나님의 나라와 그 영광을 바라보며
능력 있는 하루하루를 살게 하소서.

또한 세월에 매달려 살면서
지나간 세월을 아쉬워하거나
지루해하며 한탄하지 말게 하소서.
남아있는 날들을 계수하는 정신을 주사
할 일을 제때에 이루어가는 성실함으로
보람과 은혜 속에 살아가게 하소서.

삶을 주관하시는 하나님을 찬양합니다.

나의 약함을 아시는 하나님

나의 약함을 아시는 하나님.

때로는 불일 듯 일어나는 질투 때문에 내 마음이 도무지 안정되지 않을 때가 있습니다.

쓸데없이 남과 비교하지 않게 하옵시고 하나님의 창조목적에 맞는 나 자신을 세워 가게 하시며 내 안에 사는 그리스도로 인하여 기뻐하게 하소서.

주님이 내게 베푸신 은혜들을 기억하며 감사함으로 사는 오늘이 되게 하시고 있는 자리에서 항상 주님을 높이며 기쁨을 누리게 하옵소서.

나의 전 인격에 역사하시는 성령님의 임재를 소홀히 여기지 않게 하시며 아주 세밀하게 나의 삶을 주장하시는 하나님의 섭리를 깨닫게 하소서.

하나님! 주님을 알지 못하던 나에게 주님을 보이시고 구원하심에 감사드립니다.

제게 주신 상황 가운데 말씀가운데 주님의 뜻을 분별하고 또한 사람들을 통해 말씀 하시는 것을 듣게 하소서.

그리고 발견한 주님의 뜻에 온전히 순종하게 하소서.

나를 도우시는 주님을 찬양합니다.

사랑으로 날 위로 하실 뿐 아니라 나를 세우셔서 큰일을 맡기신 주님! 주님의 마음을 기쁘시게 하는 일꾼 되게 하셔서 무엇보다 겸손히 일들을 감당하게 하시며 필요한 지혜와 능력을 부어주소서.

나에게 비전을 허락하신 하나님!

주님의 시기에 주님의 방법으로 하나님의 뜻을 이루시는데 나의 꿈이 합당하게 쓰이길 원합니다.

비록 삶의 과정이 감당하기 어려울 때에도 나의 꿈을 이루어 가시는 하나님을 온전히 바라보게 하소서.

가정에서, 사회에서, 교회에서

가정에서, 사회에서, 교회에서

내가 맡은 일과 돌보아야 할 사람들을 잘 살피게 하소서.

내게 허락하신 권한들을 잘 사용하여 나와 그들이

최대한의 능력을 발휘하도록 열심과 성실을 가지고

섬기며 돕는 자 되게 하소서.

신실하신 주님, 내게 일어나는 일들이

지금은 다 이해되지 않지만

고통 가운데 복을 예비하시는 주님을 기대합니다.

주님의 복을 기다리는 동안 낙심치 않게 하시고

고통 중에도 말씀하시며 인도하시는

주님을 따르게 하소서.

+ 효과적 열정 +

확신 속에 거하기를 원하시는 주님.

믿음에 든든히 서기를 원하는 마음은 가득하지만

자주자주 두려움이 몰려와 삶을 흐트려 놓고 흔들리게 합니다.

내 앞에 버티고 있는 두려움의 정체를

분명히 보게 하시고 극복할 수 있는 담력을 주소서.

내가 세우는 계획마다 기름을 부어 주소서.

먼저 주님의 마음에 합한 계획이 되게 하시고

힘들지라도 정당하고 의로운 과정을 거치게 하시며

공동체의 유익과 화평을 이루는 결과를 주옵소서.

내가 억울하고 답답했던 시간들을 다 잊게 하시고

용서하고 받아들임으로 하나님 사랑을 흘러 보내게 하소서.

하나님!

하나님!
내게 귀한 가정과 사랑하는 가족을 주셔서 감사합니다.
함께 있을 때 더욱 소중히 여기며 사랑하게 하시고
어려운 일을 만날 때도 꿈을 잃지 않고 함께 기도하며
격려하고 연합하는 주님의 몸이 되게 하소서.
나로 하여금 꿈을 가지게 하신 하나님!

내가 먼저 하나님의 뜻을 올바로 알고,
하나님의 소원을 이루어 드리는 자가 되게 하소서.

이세상속에서 명철한 분별력을 나타내게 하시며
세상을 향해 하나님의 자녀로서 가진 몸과 희망을
나눠주게 하소서.
주님, 주님의 뜻이 나의 소원이 되게 하소서.

세상이 내게 요구하는 것을 이루려고 하는 것이 아니라

주님께서 내게 요구하시는 것을 소망하며

인내하게 하소서.

그리하여 주님의 기쁨과 말씀을 이루는 자가 되게 하소서.

허물과 죄로 본질상 진노의 자녀인 나를 살리신 하나님.

그 긍휼과 크신 사랑에 감사합니다.

나의 구원이 나의 행위에 의한 것이 아니라

믿음으로 말미암은

하나님의 전적인 선물임을 고백합니다.

이 은혜에 젖어 자녀로서 본분을 다하며 살게 하소서.

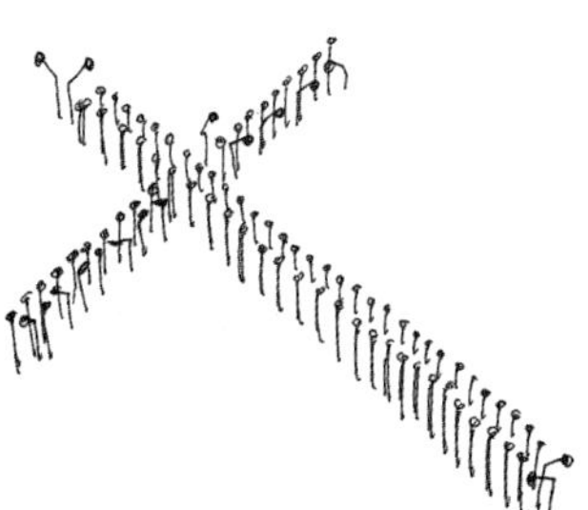

내게 생명을 주시고자 오신 주님

고난 중에도 내게 생명을 주시고자 오신 주님!

그 큰 은혜를 누릴 때에 그 고난도 함께 섬기게 하옵소서.

복음의 능력을 주실 때에

전파의 사명도 주셨음을 항상 기억하며,

서 있는 그 자리에서

복음을 기다리는 영혼들에게로 나아가게 하소서.

하나님, 남보다 낮아지고 더 오래참고

넉넉하게 용납하는 것이 어려운 것임을 고백합니다.

어려운 지체를 돌아보게 하시고 평안으로 나를 채우며

성령의 하나 되게 하심을 힘써 지키게 하소서.

나의 말을 들으시는 주님!

모든 거짓을 버리고 진실만을 말하게 하소서.

더러운 말을 입 밖에도 내지 말게 하시며

덕을 세우는 말만하게 하소서.

분을 오래도록 품지 않게 하시며 서로 불쌍히 여기며
진정으로 용서하고 용서받게 하소서.

거룩하신 주님! 주님이 원하시는 일을 알고
그대로 행하는 자 되길 원합니다.

주신 시간동안 무엇을 행해야 할지 깨닫게 하시고
주님의 기쁨이 되기 위해 노력하기 원하오니
나의 욕심을 버리게 하시고 진정 값진 것을 위해
달려가게 하소서.

모든 것의 주인 되시는 하나님!
나의 가정에서도 일터에서도
나는 단지 청지기임을 고백합니다.
부모님을 인하여 깊은 감사를 드리게 하시며
자녀로 인하여 자랑하거나 실망치 않게 하소서.
소명으로 주신 일터에서는 주께 하듯 신실하게 하소서.

나의 능력되신 하나님!

+ 효 과 적 열정 +

나의 능력되신 하나님!

영적전쟁의 터전에서 안팎으로

공격을 당할 때가 많습니다.

사탄의 능력 앞에 무릎 꿇지 않게 하시고

무한한 하나님의 능력이 내 속에서 역사하게 하시며

하나님의 전신 갑주로 무장하게 하소서.

나의 간구에 응답하시는 하나님!

나의 문제를 넘어선 중보의 능력을 체험하게 하소서.

깨어진 가정, 자포자기의 삶,

소망 없는 이웃을 향해

내가 기도할 때에 상황이 바뀌게 하시며

이웃을 위한 사랑과 관심의 표현이 기도가 되게 하소서.

많은 것을 허락하신 주님!

이 세상 살아갈 동안

주신 것들을 헛되이 사용하지 않게 하소서.

나만을 위해서 사는 어리석음을 버리고
하나님을 추구하며
그 이름을 높이고 그분으로 만족하길 원합니다.

내게 허락하신
세상에서의 지위나 자격이
모두 주님에게 속해 있사오니

나의 뜻대로 나의 욕심대로
힘을 사용하지 않게 하시고
겸손과 지혜를 주님을 위해 사용하게 하소서.

비록 나 자신이 아무것도
이루지 못한 것처럼 느낄 때에도
주님은 내 마음을 보시고 위로하심을 감사합니다.

지금의 하는 모든 일들을 내가 소중히 여기며
주님의 눈으로 바라보게 하셔서
주님의 선하신 계획에 맡기게 하옵소서.

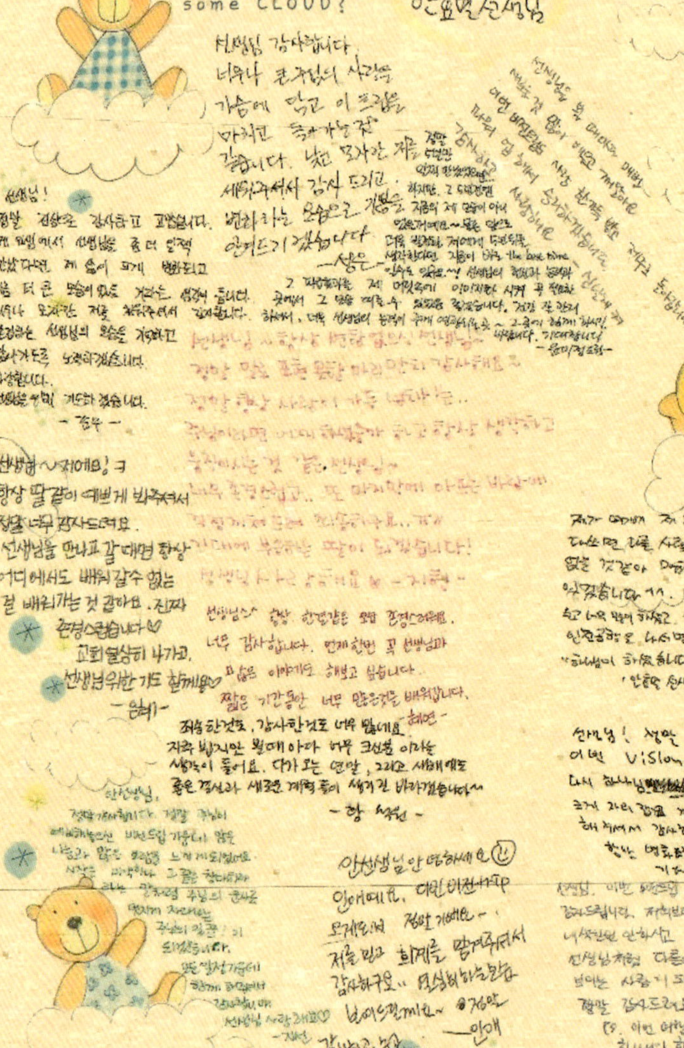
Would you like
some CLOUD?
morning glory

자랑스럽습니다...
존경합니다.....
사랑합니다 ......
아빠 ^^
　　　 - 아들

선생님 을만나서
너무 반가웠어요
선생님이랑 그주일 같이
지내고 많이 배우고 해서
너무 좋았어요~
이번 유럽에가서 또 만나서
재미있게 놀아요~
　　　 - Pablito-

선생님...
일단 너무감사합니다!
항상 챙겨주시고, 많은것
가르쳐 주시고, 이번에
굉장히 좋은 경험한 것같아
좋았어요 ^^ 자주
연락해요! 선생님
위해 많은기도하겠습니다.
선생님도... 저를 위해 기도해주시면
감사하겠습니다. 복심히 할게요!
　　　 -재하

나를 인도하시는 주님!

나를 인도하시는 주님!
한걸음씩 나아갈 때 더욱 주님을 바라보게 하소서.
눈앞의 장애물이 크고 두렵게 보일지라도
능력의 주님을 신뢰하게 하시고
내가 가진 것이 비록 작을지라도
귀하게 사용하시고자 하시는 주님의 뜻을
기대하며 노력하게 하소서.

또한 이전보다 더 큰 어려움과 아픔이 찾아올지라도
주님께 드리고자 했던 내 마음을
변치 않게 지켜주시고 동행하셔서 주님의 뜻을 이루소서.

지금 내가 있는 곳이
하나님께서 보낸 최선의 자리가 되게 하시고
믿음으로 날마다 결단하게 하시어
하나님의 섭리 안에서 하나님만을 바라보게 하소서.

+ 효과적 열정 +

세상의 가치관으로 나를 얽매이지 않게 하소서.
모든 상황을 주관하시는 주님!
현재의 모습에만 매여 교만하거나 낙담하지 않게 하소서.

내게 넘칠 때에 없는 자를 기억하며
그들과 함께 나누게 하시고,
부족할 때에 공급하시는 주님을
신뢰하게 하소서.

내게 허락하신 것들을 자랑하며
드러낸 모든 죄를 용서하시고
주의 영광을 위해서만 드려지게 하소서.

구원의 은총을 묵상할 때마다
감사와 찬양이 넘치게 하시고
세상이 줄 수 없는 기쁨과 평안이 내속에 충만해서
주님에 대한 헌신과 사랑이 세워지며 깊어지게 하소서.

나를 긍휼히 여기시는 하나님!

나를 긍휼히 여기시는 하나님!
때로는 죄 된 것을 깨닫지도 못하고
돌이키지도 못하는 미련 투성이지만,

금을 연단함같이
단련시키심에 감사를 배우게 하소서.

나의 굳어진 마음을 깨뜨리시고
삶 속에서 참된 예배를 회복하게 하소서.

스스로 지혜있는 자들을 부끄럽게 하시려고
어리석은 것을 택하시고

강한 자들을 부끄럽게 하시려고
약한 것을 택하신 주님.
나를 택해주셔서 감사드립니다.

내가 약할 때에 강함 주시고,
강할 때에 겸손하여
나의 힘의 근원이 주님이심을 알게 하소서.

지금 여기계시는 하나님,
내 삶 속에 종종

어떻게 처리해야 좋을지
모를 일들이 많습니다.

나의 걱정을 뛰어넘어
하나님께서 모든 일들을 주장하심을
알게 하시고

일속에 특별한 통찰력을 허락해 주시며
하나님만이 내가 안전히 거할 곳임을
알게 하소서.

주 님!

주님!

말하기 전에 다시 한 번 생각하는 자가 되길 원합니다.

내 마음에 주님의 위로를 담게 하시어

고단하고 괴로운 자에게 주님의 뜻을

지혜롭게 전하게 하소서.

나의 말이 상처 내는 칼이 아니라 듣고 전할 때마다

달콤한 열매가 되게 하소서.

나의 삶에 항상 선을 베푸시는 주님!

지금 내게 허락하신 이 자리를 감사드립니다.

그리고 최선을 다해 살기 원합니다.

일하는 가운데 기쁨을 누리고 소득을 거둘 때

참된 보람을 느끼며 그것을 누림으로 만족을 가지고

주님께 감사하게 하소서.

세상이 악할수록
더욱 서로사랑하며 살기를 원하시는 주님!

나보다는 남을 먼저 배려하고 섬길 수 있는 마음을 주셔서
어려움 속에서도 서로가 살맛나는 세상을
이루도록 하시고 진정 사람을
사랑할 줄 아는 자가 되게 하소서.

정직한 삶을 기뻐하시는 하나님,
주님이 나와함께 계시는데도 하나님께서
아무것도 보시지 않는 것 같이 행동하는
아둔함을 용서하소서.

성화되지 못하고 세상 방식대로
손해 보지 않으려 합리화 하며
작은 불의라도 묻어두고 지나가는
불의를 행하지 않게 도와주소서.

그리고 기도 Ⅱ

오 주님!

오 주님!
나의 생각 없는 말 한마디로
다른 사람이 상처 받는 일이 없게 하소서.
알고도 상처를 주었다면 나의 실수를 인정하게 하시고
성령 안에서 용서를 구하게 하소서.

나의 혀에 재갈을 물리게 하시고
성급하게 말하지 않고 더 깊이 생각하게 하소서.

나의 헛된 자랑과 노력으로 주님을 외면하지 않게 하소서.
내안에 욕심과 죄악들을 회개함으로
주님의 용서를, 내게 주시는 자유를 누리기 원하오니
이 시긴 나의 고백을 늘어 주옵소서.

날마다 이김을 주시는 하나님.
어지럽혀져 있는 주위를 정리하지도 않은 채,
황폐함 가운데 나에게 주어진 삶을 팽개치지 않게 하소서.

나를 침체케 하는 온갖 요소들을 벗어나
더욱 강하게 하셔서
주님만이 나의 힘이 되심을 고백하게 하소서.

크신 주님.
주님의 풍성하고 은혜로우우신 손길에
나를 맡기오니 새롭게 하소서.
지치고 슬픈 내 마음에 새 소망을 부으셔서
하나님아버지의 선하신 계획을 보게 하소서.

상한 마음으로 갈급한 내 영혼에
주님의 보호하심으로 인한 회복을 기대합니다.

사랑의 하나님!
그 사랑에 응답하지 못하고 때로는 배반하며
아버지의 마음을 상하게 한 나를 용서하여 주옵소서.
내 마음이 주님께 더 민감하게 즉각적으로 순종하게 하시고
징계하실 때에 더욱 아프신 주님의 마음을 깨닫게 하소서.

죄를 미워하시는 하나님!

죄를 미워하시는 하나님!

주님의 의로운 심판을 기억하며

두려움을 가지고 사는 자 되게 하소서.

또한 사탄이 공격하고 정죄할 때에도

주님의 구원하심과 용서를 기억하며

성령님의 도우심을 구하여 승리하게 하소서.

나로 하여금 주님께서 싫어하시는 것들을 밝히알아

멀리하게 하소서.

또한 주님을 더욱 가까이 하여

주님을 깊이 알아가게 하시고 그리하여

주님을 점점 닮아가는 삶을 살게 하소서.

오 하나님! 문득 다른 사람의 실패를 즐거워하며

나 자신의 잘못을 인정하기 싫어하는

나의 교만을 꺾게 하소서.

사탄이 내 마음에 틈타지 못하도록

날마다 하나님의 마음과 생각을 품게 하시고

말씀으로 나 자신을 단련시키게 하소서.

또한 나의 영적인 무감각과 사명을 깨워 주소서.
하나님의 경고의 말씀에 민감하게 하시고
날마다 하나님께 나가 육신의 욕심을 죽이며
하나님의 뜻을 구하는 지혜로운 자가 되게 하소서.

온 세상의 주인이신 하나님

온 세상의 주인이신 하나님.

나의 길이 모호하고 불안할 때

이 세상의 지식과 방법에 의지해온

어리석음을 내어 놓습니다.

때로는 순간적인 안정과 풍요를 보장하지만

허무한 결말을 내다보게 하시고 영원한 소망이신

주님께 나를 온전히 의뢰하게 하소서.

+ 효
과
적

열정 +

온 세상의 주인이신 하나님

내가 먼저 안일함과 나태함에서 벗어나게 하시며
항상 깨어 있어서 경고의 소리를 듣게 하시며
분명한 심판의 날을 예비하게 하소서.
나의 성을 쌓는 어리석음을 범치 않게 하소서.

나의 삶에서 순종을 원하시는 하나님!
이 세상의 물질과 번영이
나를 구원하지 못함을 알게 하옵소서.
부르심을 받은 성도로서
이웃의 구원을 위해
나의 삶을 자원함으로 드리게 하시고,
그 수고는 절대적인 순종에서만
가능한 것임을 알게 하옵소서.

+ 효과적
열정 +

아빠의 아지트

작은 서안(書案)과 방석.

푸근하고 재밌기만 하던 아빠가 세상에서 가장 진지한 사람으로 보이던 바로 이 곳, 작은 서안 위에 성경책을 펴고 방석에 앉아계실 때였다. 집에 번듯한 책상과 의자가 없는 것도 아니었는데 굳이 불편한 자리를 고집하셨던 이유는 '무릎을 꿇기 위해서'였다. 혼자만의 시간을 갖는 아빠의 아지트, 거실 한 켠에 있는 작은 서안과 헤진 방석이 있는 그 곳에서 아빠는 무엇을 하셨던 것일까? 무엇보다도 하나님 앞에 아빠의 모든 것을 내려놓고 그 분의 지혜를 구하는 기도가 가장 큰 비중을 차지했던 것 같다. 그런 시간들이 있었기에 아빠의 묵상노트가 아름다운 유산으로 남을 수 있었고, 지금에 와서 아빠 없이도 아빠의 교훈을 들을 수 있게 된 것이다.

딸 **안혜주** 작품
가로 15cm X 세로 12cm 종이에 색연필

나의 삶을 간섭하시는 하나님

작은 미물같은 나를 돌아보시며

나의 삶을 간섭하시는 하나님!

마른땅과 같은 나의 삶에

주님만이 샘의 근원이 되시며 끊임없는 생수로

목마르지 않게 하실 수 있습니다.

침체되고 의욕 없는 내 삶을 회복시키셔서

은혜와 평강을 누리게 하소서.

환난을 능히 이기게 하시는 하나님!

고통을 동반한 가장 어려운 시기에

굽이굽이 나의 삶의 궤적을 따라

하나님만이 나의 완벽한 인도자이심을 고백합니다.

때로는 하나님을 제쳐놓고

다른 것을 의지하며 살아온 미련함을 용서하옵소서.

+ 효과적 열정 +

주님의 말씀대로 살며 사람을 보기보다
하나님의 영광을 바라보며 나아가게 하소서.
변치 않는 사랑으로 나를 지키시는 하나님,
주님의 사랑을 잊고 교만한 내가 되지 않게 하소서.
때때로 눈에 보이는 것으로 남들과 비교하며
불평하는 나를 용서하시고, 나를 인도하셔서
순종함으로 얻는 평강을 누리게 하소서.

영원 전부터 조건 없이 나를 사랑하시는 하나님.
자주 실수하고 넘어지며 장담할만한 것이 없어도
나를 기다려주셔서 감사합니다.
그 온전한 사랑으로 인하여 이 땅의 영적전쟁에서
날마다 이기게 하소서.

나를 위로해 주시는 하나님!

나를 위로해 주시는 하나님!

나의 앞에 장애물은 많아도

도움의 손길은 보이지 않는 것 같아도

지나온 날을 돌아보면 처진 어깨지만

더욱 큰 자신감을 느낍니다.

오 주님, 나의 시선이 주님을 향하게 하시며

격려하시는 성령을 경험케 하옵소서.

사랑의 주님.

영적으로 무지한 나를 향한 하나님의 마음과 생각을

깨닫게 하시고 징계 뒤에 따라오는

하나님의 사랑과 회복의 손길을 기뻐하게 하시어

오늘하루도 영광으로 일으켜 세워주실

하나님을 찬양하는 삶이 되게 하소서.

사랑하는 주님.

하나님의 뜻을 묵묵히 따르는

예수님의 순종을 배우게 하소서.

아무리 고통과 핍박과 유혹이 있더라도

하나님의 뜻을 행하는 그 자체를 기뻐하는

성숙한 그리스도인이 되도록 도와주세요.

내게 속한 환멸이나 설움이 절망적이라 할지라도

하나님의 능력으로 아름답게 변화시키실 줄 믿습니다.

나를 주의 백성으로, 거룩함을 구별하신 주님

나를 주의 백성으로, 거룩함을 구별하신 주님.

그 부르심대로 순종하는 자가 되게 하소서.

예수그리스도가 보이는 사랑과 능력을 따르게 하시고

그로 인해 하나되는 교회를 이루고 그 안에서

풍성한 교제를 누리게 하소서.

가정과 사회에서

그리스도의 향기를 날리기를 원하시는 주님.

남들을 대할 때 하나님 안에 한 형제로서 겸손히

섬기게 하시고 불의와 죄악이 가득한 세상에 성실과

거룩함으로 나아가 하나님의 자녀임을 나타내게 하소서.

한결같은 사랑으로 돌보시는 하나님,

+ 효과적 열정 +

구름기둥과 불기둥으로 올해도 인도해주셔서 감사합니다.

이제 새로운 천년과 새해를 온전히 하나님께 의탁합니다.

날마다 영적 전쟁에서 승리하게 하시고

하나님과 사람에게 신실한자로 살게 하소서.

진리 되신 그리스도를 알고 증거 하기를 원합니다.

성령께서도 증명해주셔서 생명 되신 예수님을

더욱 더 깨달아가며 날로 깊이 교제하게 하셔서

그 풍성한 은혜를 나누며 살게 하소서.

내 삶에 날마다 찾아오시는 주님!

도저히 풀 수 없는 문제들을 이제 주님께 맡깁니다.

오셔서 주님의 행하심을 보이시고

나의 낙심된 마음을 일으켜 세우소서.

먼저 주님의 명령을 듣고 순종함으로

소망 가운데 행동하게 하소서.

주님의 사랑이 나를 붙드시니

자꾸 넘어지고 실패하지만 주님의 사랑은 지속적으로 나를 붙드시니 감사합니다. 또한 그 사랑과 구원을 증거 할 때 더욱 능력과 지혜를 주시고 복음의 핵심은 바로 주님이신 것을 나타냄으로 내가 다시 겸손하게 거듭나게 하소서.

놀라우신 하나님! 하나님은 능치 못하심이 없습니다.

이 능력이 믿음을 성장시키지만 나의 신앙의 근거는 말씀에 있음을 알게 하옵소서. 말씀대로 믿는 믿음위에서 순종을 결단하게 하시며 그 열매로 변화된 삶을 경험케 하소서.

나의 도움이 되시는 하나님. 삶속에서 단 하루도 나는 갈 길을 분간할 수 없습니다. 그러나 분명한 것은 주님께서 나의 길을 아시고 그 길을 보여주실 것을 믿습니다.

나의 이성을 쉬 넘는 하나님의 능력에 의지하오니 신령한 것으로 채워주옵소서.

　눈앞의 이익에 마음을 뺏겨 주님의 계획과 능력을 신뢰하지 못하는 나를 용서하소서.

　내게 주신 그 무엇보다 가장 귀한 것은 예수그리스도이심을, 영생임을 깨닫게 하시고 주님과의 교제를 소중히 여기며 사모하게 하소서.

　주님 오랫동안 신앙생활을 하고 있지만 그 연륜이 주님을 향한 사랑의 깊이가 아닌 것을 깨닫게 하소서. 많은 일들에 봉사하고있지만 그 가지 수가 주님의 사랑의 넓이가 아님을 알게 하소서. 이제는 영생의 말씀을 소유한자답게 살게 하옵소서.

　무한하신 주님. 나로 주님을 알아가게 성령으로 인도하옵소서.

　나의 제한된 기준과 범위로 주님을 막지 않게 하시고 주님의 진리들을 밝히 깨달아 순종하게 하소서. 특히 말씀 가운데 주님의 뜻을 알고 기도 가운데 주님을 만나게 하옵소서.

어떠할지라도 용서하시는 주님!

어떠할지라도 용서하시는 주님!

말할 수 없는 은밀한 죄까지 혼자 끌어안고 끙끙대지

않게 하시며 체면 때문에 덮어둔 채로

그냥 있지 않게 하소서.

이 모습 이대로 용납해 주셔서 이제는 자유를 누리게 하시며

구별된 삶을 살게 하옵소서.

하나님 아버지, 나의 영적 무지로 인해 진리의 말씀을

깨닫지 못하는 일이 없도록 지혜를 주옵소서.

다른 사람의 영적인 상태를 잘못 판단하거나

쉽게 정리하는 일이 없도록 도와주시고 나의 영적인

성장과 훈련받는 일에 기쁨을 더하여 주옵소서.

+ 효과적 열정 +

내 앞길에 소망과 기쁨을 주신 하나님.
주님을 먼저알고 따르게 하옵소서.
신앙생활의 오랜 경력에만 만족하고
스스로 자랑하지 않게 하시고 주님을 알기 위하여
겸손하게 말씀을 배우고 순종함으로 주님을
닮아가게 하옵소서.

진리이신 주님!

내가 가진 선입견이나 아주 보잘 것 없는 지식으로
다른 사람을 판단하고 비난했던 것들을 용서해 주소서.
주님의 부유하신 지식을 나날이 경험함으로써
주님을 아는 올바른 지식 안에서 주님을 향한 열정을
드러내게 하옵소서.

사람들의 지도자가 되기 전에 섬기는 자

사람들의 지도자가 되기 전에 섬기는 자가 되게 하시고, 내안에 아직도 연약한 성품이 있음을 깨닫고 날마다 예수 그리스도의 보혈 앞에 나아가게 하소서.

길이요 진리요, 생명이신 주님.

내가 어디로 가야할지 막막할 때 친히 인도해 주옵소서.

무엇이 진리인지 우둔할 때 명철하게 가르쳐 주옵소서.

힘없이 모든 것을 포기하고 죽음같은 날을 보낼 때 생명으로 오셔서 나를 소생시켜 주시옵소서.

지친 나를 일으켜 세우시는 주님. 주님의 뜻에 순종하고자 하는 나에게 힘을 더하여 주소서.

길이 막히는 것 같고 그로 인해 마음이 답답하고 불안할 때도 믿음을 가지고 주를 바라 보오니 나에게 말씀을 주시고 평안으로 인도하여 주옵소서.

응답하시는 하나님.

내게 기도의 능력을 덧입히셔서 사랑이 필요한 곳에 사랑을, 기도가 필요한 곳을 위해 한마음으로 기도하게 하소서.

　나의 무관심이나 게으름, 혹은 지나친 열심이 이웃을 실족시키지 않게 하시며 성령 충만한 중보 기도자로 세워주시옵소서.
　나의 속마음을 다 아시는 주님.
　내가 주님 가까이서 일한다고 하면서도 진정으로 주님께서 원하시는 것이 무엇인지 놓치고 살지는 않는지요.

　분주하게 사역은 하나 실상 주님을 알지 못하는 우둔함이 없는지 돌아보게 하소서.
　모든 권위의 처음과 나중이신 주님을 찬양합니다. 그 주님을 진정한 주인으로 내가 모시기를 원합니다.
　내가 아직 주님의 뜻을 알지 못하는 것들, 혹은 알면서도 순종치 않는 부분을 용서하시고 오셔서 다스림으로 주님만이 높임을 받으소서.

하나님의 능력

내가 맡은 일을 하찮게 여기지 않게 하시며 다른 사람을 시기하지 않게 하소서. 내가 가진 재능이나 자질보다 하나님의 능력을 우선순위에 놓게 하옵소서.

죄를 싫어하시는 하나님, 하나님의 거룩한 백성으로서 정체성을 가지고 살아 갈 수 있도록 잘못을 범할 때마다 하나님 앞에 나아가 사함을 얻게 하소서.

나 개인만이 아니라 이 땅의 크리스천공동체가 하나님 앞에서 정결한 삶을 살게 하옵소서.

거룩하신 하나님! 내안에 있는 육체의 소욕을 좇지 않게 하시며 매순간 성령의 소욕을 좇는 결단을 훈련하며 살아가게 하소서. 명목상으로만 그리스도인이 아니라 경건의 능력을 소유하게 하시며 나를 통해서 예수의 향기가 베어나게 하옵소서.

나를 버려두지 않으시고 의의길로 인도하시는 주님, 내 뜻과 생각이 아니라 주님의 뜻을 알고 행하기 원하오니 내게 말씀을 밝히 보이셔서 나로 깨닫게 하소서.

또한 늘 동행하시는 주님을 증거하며 순종하게 하소서.

진리이신 주님. 삶을 결정하는 일에 있어서 하나님의 말씀이나 양심의 소리보다 사람의 소리에 더 민감하며 그들의 눈치를 볼 때가 있음을 고백합니다.

무엇이 하나님의 뜻이며 옳은 것인지를 분별하며 헛된 정욕을 따라 살지 않게 하옵소서.

나의 삶을 인도하시는 하나님. 아침 이슬 같은 인생을 하나님을 위해 살도록 매 순간 위로부터 주시는 통찰력을 소유하게 하소서. 이 땅의 삶에 연연해 헛된 것을 추구하지 않게 하시고 언젠가 다가올 끝 날을 준비하며 믿음으로 살게 하소서.

주님께 구별된 삶을 살아가며 새롭게 하시는 주님을 체험하게 도와주옵소서.

오, 하나님!

나의 어두워진 영적 눈을 열어주소서. 영적인 무지 가운데 있는 나를 깨우쳐 주사 하나님의뜻과 마음을 헤아릴 수 있게 해주시고 나 자신의 연약한 마음의 동기와 계획을 성령으로 다스림을 받을 수 있도록 도와주옵소서.

내 눈을 열어 주의 길을 보게 하시며 그 앞에 순종하는 삶이 되게 하소서. 나의 무지와 욕심으로 인해 불순종의 유혹을 받을 때 나의 삶에 간섭하셔서 악에서 돌이키게 하소서.

내 모든 삶이 주님의 기쁨이 되게 하소서.
죄가 누룩과 같이 나의 전부를 오염시키지 못하도록 작은 죄라도 단호히 거부하게 하소서.

공동체의 거룩을 기뻐하시는 주님.
내가 속한 공동체의 거룩을 위해 기도하게 하시고 나자신이 먼저 정결케 하소서.
공동체의 거룩을 파괴하는 악한 사상과 흐름에 대해 대적하게 하시고 거룩한 분노를 드러 낼 수 있는 열정과 능력을 주소서.

최선으로 인도하시는 하나님, 그 이름이 나로 인하여 더욱 높임을 받으시기 원합니다.

이 땅에 사는 동안 나의 유익을 내세우기보다 공동체를 우선하여 생각하며 질서를 따라 사람들을 섬기고 사랑하게 하소서.

때로 시련을 당하더라도 그 속에 담긴 하나님의 선하신 뜻을 확신하며 믿음으로 능히 이기게 하옵소서.

예 배

예배를 통해 하나님을 만나게 하시고 더 깊은 헌신으로 하나님의 이름을 높일 수 있게 하옵소서.

예배가 진정 나의 기쁨과 의미가 되게 하시고 늘 결단과 새로움으로 하나님 앞에 서게 하소서.

신실하신 하나님. 나의 입술을 주님께 맡기오니 악을 말하지 말게 하시며 거짓을 말하지 않게 하소서.

경솔한 약속을 삼가고 나의 말한 것에는 책임질 줄 아는 사람이 되게 하시며 주님의 성품을 따라 정직하게 하소서.

나의 필요에만 집착함으로 다른 이들을 힘들게하는 죄를 범하지 않고 격려하며 위로하며 돕는 자가 되게 하소서.

하나님! 주님의 명령을 듣지 않고 내생각과 욕심을 따라 살았던 일들을 고백합니다. 이제는 하나님의 말씀을 따라 철저하게 내 삶을 다스리도록 나를 주관하소서.

하나님, 원하시면 나의 가장 소중하게 여기는 것 까지도 버리기를 주저하지 않게 하소서.

나의 기업이신 주님. 하늘나라의 소망과 그 기업의 풍성함을 바라보며 기뻐합니다.

나에게 그 풍성한 은혜를 주신 주님을 기억하며 항상 주님의 명령과 뜻대로 살아 갈수 있게 하소서.

늘 세밀하게 나의 인생을 인도하시는 주님을 찬양합니다.

하늘 아버지의 택함을 입은 주의 백성으로 헌신의 삶을 살기로 소원하지만 때로는 하나님의 마음을 아프게 할 때가 있습니다.

나에게 주신 하나님약속의 풍성함을 기억하며 하나님께서 맡겨주신 사역을 잘 감당하게 하옵소서.

다시 오실 주님, 영광의 그날을 바라보며 오늘 내게 주신 소명을 감당하게 하옵소서.

가까이 있는 자들을 주의 이름으로 그 사랑과 긍휼로 축복하며 나의 괴로움을 넘어 소망으로 하루하루를 살게 하소서.

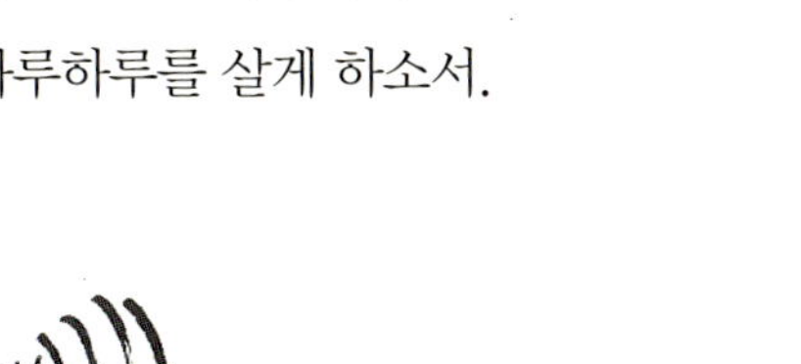

고 백

세상 지혜를 좇기에 바빴던 나의 모습을 고백합니다.

주여 나의 눈과 귀를 여시사 성령의 능력을 의지하게 하소서. 그리하여 온 맘과 온몸으로 하나님의 지혜를 좇는데 게으르지 않게 하시고 주신 능력으로 세상을 이기게 하소서.

늘 낮은 자리에 처하셨던 주님. 신앙의 연수가 더해 질수록 다른 사람을 판단하는 자리와 나를 사랑하는 자리에 서지 않게 하옵소서.

주를 향한 충성된 자로 그리고 순종하는 자로 주님만을 바라보며 설 수 있도록 도와주소서. 자기를 광고하는 시대에 나를 감추는 지혜를 주님 안에서 배우게 해 주옵소서. 남에게 인정받고 대우받기를 좋아하는 본성이 가난한마음이 되게 하시고 주님 때문에 나를 포기할 때에 주님으로부터 오는 기쁨이 충만하게 해 주시옵소서.

+ 효 과 적 열정 +

나를 살피시고 인도하시는 주님. 내게 일어나는 모든 일 가운데 주님의 손길을 보게 하소서.

그리하여 내 자랑이나 낙심으로 끝나지 않게 하시고 주님이 인도 하시는 길을 따라 진리와 겸손함으로 주님의 이름을 높이게 하옵소서.

나를 부르시고 기대하시는 주님! 혀로는 주님의 영광을 위해서 살겠노라고 말하면서 늘 나 자신의 유익을 위해 살았던 온전하지 못했던 나의 모습을 봅니다.

연약한 나를 고치셔서 진정한 헌신과 열정으로 주를 온전히 섬기게 하소서.

은사를 주신 주님

은사를 주신 주님, 사람들에게 보이고자 신령한 것들을 사모하지 않게 하시며 주께서 하나 되게 하신 것을 지키기 위해 은사가 사용되어지도록 인도하여 주옵소서.

주여! 나로 하여금 성령을 소유한자로서 합당한 삶을 살게 하옵소서.

나를 교회로 부르신 주님, 그 안에서 사랑하는 지체들과 만나며 교제하고 예배하게 하심을 감사드립니다.

그들에게서 연약한 것을 발견할 때 기꺼이 그들을 돕게 하시고 내게 부족한 것 겸손히 드러내며 도움을 구하는자 되게 하소서.

+효과적 열정+

각자에게 능력과 은사를 주시는 하나님, 서로를 용납하며 하나님을 섬기는 일에 협력하게 하소서. 다양한 직분을 주신 하나님의 마음을 깨닫고 감사하며 서로를 귀히 여기며 협력함으로 주님의 교회를 섬기게 하옵소서.

사랑의 주님, 주님을 설명하는 어떠한 성품보다도 사랑이 바로 주님의 것임을 압니다.
나에게로 사랑의 마음과 생각 행동이 드러나도록 도우셔서 다른 어떠한 재능이나 은사보다도 사랑을 구하여 모든 사람과 일을 섬기게 하옵소서.

화평의 하나님!

화평의 하나님!

내게 주신 은사는 나를 위한 것이 아니라 주의 몸과 교회를 섬기기 위한 것임을 고백합니다.

내게 주신 은사가 교회의 질서와 하나 됨을 위한 성령의 도구가 되도록 나를 사용하셔서 주님의 사랑이 드러나게 하소서. 부활의 능력으로 인하여 나를 살리시고 새롭게 회복 시키셨으니 나 또한 힘 있게 사는 자 되게 하소서.

주님의 부활의 복음을 증거 함으로 십자가를 주신 구원을 널리 전하게 하옵소서.

그날을 소망함으로 항상 깨어있어 주님이 바라시는 삶을 살게 하시고 어떠한 거짓과 유혹 가운데서도 주님의 말씀으로 담대히 승리하게 하옵소서.

사탄을 이기고 승리하신 주님을 볼 때 나를 둘러싼 환경들이 두렵지 않습니다. 이 땅에서 어렵고 힘든 삶 가운데 주님이 함께 하시며 복음을 위한 나의 모든 인내와 수고를 마지막 날 보상하실 주님을 바라보며 견고한 삶을 살게 하소서.

나의 위로가 되시는 하나님, 너무나 벅찬 시련과 절망 속에서 삶의 소망을 잃을 때에도 나를 붙들어 주소서.

아무런 빛이 보이지 않을 대에도 살아계신 하나님이 나의 주가 되시고 나와 함께 하심을 기억하며 평안하게 하옵소서.

공동체

공동체에 지체로 서로의 자랑이 되도록 본을 보이며 성령님과 동행하는 삶으로 나의 계획과 미래를 주님께 맡기며 그들과 하나 되어 주님 뜻을 이루게 하소서.

생명을 주서서 구원에 이르게 하시고 또 복음을 전하도록 내게 귀한 사명주심을 찬양합니다.

능력의 주님 때때로 복음을 방해하며 대적하는 세력들을 향해 담대하게 복음을 선포함으로 승리를 맛보며 나가게 하소서. 주님의 일꾼된 자로서 세상의 인정보다는 주님이 주시는 기쁨으로 만족하고 복음의 감격 속에 내게 주신 복을 알고 감사하게 하소서.

또한 주님의 이름을 빙자하여 나의 이득을 취하는 자가 아니라 진실한 마음으로 주를 높이는 자가 되게 하여 주옵소서.

+ 효과적 열정 +

마음에 들지 않는 권면을 들을 때에도 마음을 넓히고 듣게 하시
고 진정한 하나님의 음성과 복음에 합당한 삶을 분별하여 순종하
게 하옵소서.

하나님, 나 자신의 욕심을 이루지 못해 슬퍼하지 말게 하시고
하나님의 영광이 가리워지고 교회가 영적으로 침체되는 것을 염려
하는 거룩한 슬픔이 내안에 넘쳐나게 하소서. 그리하여 주님의 마
음으로 울며 기도하는 자 되게 하소서.

242
243

신실하신 주님!

신실하신 주님!

사람의 시선이나 칭찬에 이끌려 행동하지 않게 하시고 오직 내 마음의 중심이 겸손히 주님의 칭찬만을 바라보며 모든 사람에게 나의 말과 행동이 다른 사람에게 본이 되도록 주님의 마음을 전하게 하옵소서.

주님, 오늘날 내가 수 없이 드리는 예배가 주님을 향한 마음인지 나 자신의 유익을 위한 예배인지 다시 한 번 생각해 봅니다.

주님을 향한 순수한 열정과 주님을 사랑하는 마음이 식지않고 늘 깨어 있을 수 있도록 도와주시옵소서.

주여! 내 삶에 간섭하셔서 나를 주의 의로운 길로 인도하옵소서.

절망적인 환경 속에서도 하나님의 선하신 손으로 나를 붙드사 낙심치 않게 하소서.

살아계신 나의 주 나의 하나님을 더욱 깊이 사랑하오니 주여 나의 마음을 받으소서.

나를 선택하신 하나님!

하나님의 구별된 백성으로 정결하게 살아가기 위해 내가 버려야 할 것을 알게 하소서.

하나님을 알아감에 민감케 하시고 그 알아감이 하나님을 닮아감으로 변하게 하시고 그로 인하여 기쁨이 끊이지 않게 하소서.

주 여

주여, 주의 도움이 없이는 이 세상을 살아갈 수 없음을 고백합니다. 주의 말씀을 보고 읽을 때 나로 깨닫게 하시고 그 능력을 체험케 하옵소서. 이 세상의 허탄한 이야기를 멀리 하고 오직 말씀을 통해 주만 바라보게 하옵소서.

주님, 주님께서 나를 통해 이루신 일들을 마치 내가 한 것처럼 나의 이름을 내세우고자 하는 모습을 발견합니다. 주님 이런 옛 습관을 버리게 하시고 주님의 도우심으로 주님께 찬양을 잃지 않는 주님의 자녀 되게 하소서. 정결케 하신 하나님의 도우심 속에서 날마다 깨어 있게 하옵소서.

주님, 나를 대적하는 무리들이 악한 말을 지어 나를 비방하려 합니다. 그러나 주님 나로 하여금 그러한 말들로 인하여 요동치 않게 하시고 내게 주어진 일들을 잘 감당할 수 있게 하소서.

온전한 헌신으로 주께 드려질 수 있게 하소서.

주를 알아가는 지식이 커가면서 주를 향한 열정이 식어 가는 모습을 발견합니다. 주의 말씀을 들을 때 주를 향한 순수한 사랑이 회복되게 하시며, 그 말씀이 심령과 골수를 쪼개는 강한 성령의 역사가 일어나게 하소서.

날마다 주의 말씀의 빛으로 나를 비추사 안에 있는 죄의 어둠을 몰아내 주소서.

진리이신 하나님!

진리이신 하나님!

말씀을 들을 때 내 영혼의 강팍함을 깨닫게 하소서. 오순절 성령의 역사하심처럼 내안에 역사하셔서 내속에 모든 화를 자복하며 회개하는 각성과 영적 부흥을 경험할 수 있도록 은혜를 베푸소서.

나와 늘 동행하시는 주님, 나는 세상 가운데 살지만 세상에 속한 삶을 살지 않게 하시며 주께 속한 자로서 살아가게 하소서.

또한 나에게 주어진 일들을 잘 감당하며 살아갈 수 있도록 도와주옵소서.

주님! 내안에 주님께서 기뻐하지 않으시는 온갖 부정한 생각이나 악한 욕망이 간직되어 있다면 이 모든 것을 버리게 하시고 오직 내안에 주님의 기뻐하시는 것들로 가득 차게 하소서.

주님, 이 땅에서 주님께서 명령하신 주님의 증인으로 살아가기보다는 세상과 나 자신에 억눌려 하루하루를 살았음을 고백합니다.

주님 나로 하여금 성령의 힘입은 자로 살게 하시고 그 성령의 도우심으로 하루하루 삶 가운데 승리케 하소서.

신앙의 연수가 더해 갈수록 말씀과 기도에 소홀해져 가는 내 모습을 고백합니다.

처음 직분을 받았을 때의 감격과 마음을 가지고 봉사하게 하시고 또한 나의 마음이 황폐케 되지 않도록 나를 인도하여 주시옵소서.

진리 되신 주님!

진리 되신 주님!

주님의 말씀 앞에 나의고집과 개인적인 의견을 내려놓습니다. 중요한 결정을 할 때나 다른 자들을 바라볼 때 주님의 마음으로 깨닫고 판단하며 행하게 하시고 늘 말씀을 알아감으로 시련 가운데서도 승리하게 하소서.

복음이 되신 주님, 주님을 증거 할 때에 참 지혜를 주소서. 담대함과 더불어 어떻게 무슨 말로 그들에게 복음을 정할지 가르쳐 주소서. 때로 실패를 겪더라도 핍박을 당하더라도 언제나 승리의 왕이신 주님을 바라보며 성실한 일꾼 되게 하소서.

나의 하나님, 내 인생의 가장 큰 복은 하나님을 알고 그 은혜 가운데 살게 된 것입니다. 허물투성이의 나의 모습이지만 하나님을 의지하며 오늘도 나를 십자가에 못 박습니다. 순종가운데 성화의 길을 가게 하옵소서.

나의 소망되시는 하나님 나의 얕은 생각으로 하나님의 생각을
제한하지 않게 하시고 나의 눈을 들어 하나님의 지혜와 능력, 꿈
과 계획들이 얼마나 광대한지 바라보게 하소서. 절망가운데서도
하나님을 향한 소망을 갖게 하옵소서.

나의 전부이신 주님, 나를 위해 독생자를 주신 하나님께 내 삶
의 최고의 자리를 드립니다. 현실적 이익과 안일을 추구하기보다
하나님의 뜻을 구하게 하소서.

성령이 허락하시는 기쁨과 찬양이 내 속에서 넘쳐나게
하옵소서. 하나님을 향한 나의 마음이 원수가 유혹할지라
도 무너지지 않고 온전히 지켜지게 하소서.

나의 소망이 되신 하나님

나의 소망이 되신 하나님, 하나님을 섬기며 살아가는 중에 곤란한 일을 당할 때에 하나님의 약속에 대한 소망으로 더 굳건하게 하소서. 하나님의 언약의 신실함을 믿으며 하나님나라의 완성과 그 영광을 고대하며 오늘을 살게 하옵소서.

홀로 영광 받으시기에 합당하신 주님. 세상 가운데 살면서 주님 드러내기보다 나를 드러내려했던 나의 죄악을 바라봅니다. 이모든 죄악을 앎으로만 그치지 않게 하시고 주의 통치 속에서 삶으로 연결되게 하옵소서. 내안에 두려움들이 있을 수 있지만 하늘에서 내리시는 자비와 사랑으로 참 평안을 누리게 하옵소서.

주님, 복음을 위해 나를 부르실 때 주저하지 않고, 환경과 삶이 열려지지 않더라도 구원의 주여, 온전케 하시는 주님을 바라보며 믿음으로 나가게 하옵소서. 내안에 있는 두려움을 주님을 향힌 비전과 열징으로 몰아내고 충성케 하소서.

하나님! 나의 생각과 마음을 주장하여 주시고 늘 주의 성령으로 나를 새롭게 하소서. 죄의 습성과 거짓의 모습을 가지고 있는 나의 체질을 주님의 체질로 변화시켜 주소서.

나의 죄악 된 체질이 주님의 거룩으로 변화되게 하옵소서.

주님만이 나의 자랑이심을 고백합니다. 내게 주어진 삶을 열심히 살지만 그 속에서 얻은 복들이 전부인양 착각하지 않게 하소서. 주님의 십자가의 사랑을 늘 기억하며 세상에 주의 사랑을 전하고 베푸는 삶을 살게 하옵소서.

늘 나와함께 하시는 주님을 찬양합니다. 내게는 아무 능력도 없지만 세상에서 감당해야 할 일들을 주시고 그 가운데 능력과 방법을 열어 주시는 주님, 내가 홀로 나서지 않게 하시고 주님과 동행함으로 담대하게 하옵소서.

구원의 주님!

구원의 주님!

나에게는 하나님이 필요합니다. 아직도 하나님을 알지 못하는 세상을 향해 담대히 선포할 수 있게 성령의 권능을 주소서.

주와 그리스도예수님을 전하는 열정으로 나를 충만케 하옵소서.

주여 날마다 주와 말씀의 꿀을 먹여 주심을 감사드립니다.

나의 마음이 패역하여 말씀 앞에 무감각하지 않게 하소서.

주의 말씀으로 내 영혼의 병든 곳 상처 난 곳을 치유하시고, 주의 풍성한 은혜의 기쁨으로 넘치게 하옵소서.

연약한 나를 통해서도 복음을 전하시는 하나님,

예수 그리스도의 죽으심과 부활을 선포할 때에 나로 담대하게 하옵소서. 나로 성령의 지배를 받게 하셔서 인도함을 따라 그 능력을 증거하여 주님께 영광돌리게 하옵소서.

+ 효과적

열정 +

내게 맡기신 사역과 업무, 관계들이 때로는 어렵고 과중하게 생각되지만 내게 주신 모든 것이 주님의 손아래 있습니다.

　　　주님! 의로우심을 구하오니 언제나 살아있는 능력을 행하게 하옵소서. 능력의 주님, 나로 하여금 나 개인의 구원만으로 만족하고 머물러 있지 않게 하소서. 세상을 향해 복음을 들고 나아가게 하시고 주님의 말씀에 따라가는 순종의 삶을 통해 나와 함께 살아가는 자들에게도 주님을 증거하게 하옵소서.

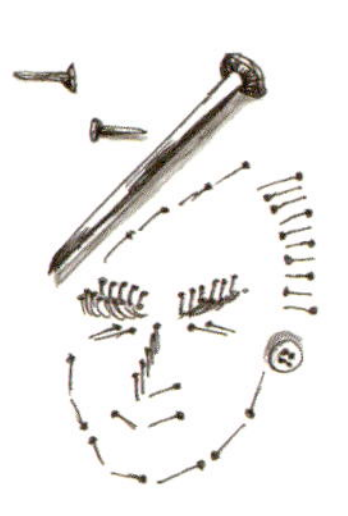

나를 이끄시는 주님, 내 삶의 절대적 기준은 지금까지 무엇이었나를 생각해 봅니다. 나의 삶은 세상이 가지고 있는 그 기준에 따라 살아왔음을 고백합니다.

주님 나로 하여금 말만이 아닌 생활 가운데서 나의 중심이 주님이심을 고백하게 하여 주옵소서.

모든 일을 가능케 하시는 주님!

모든 일을 가능케 하시는 주님!

사울처럼 일생의 전환기가 있었는가를 살펴봅니다.

강한 환상은 아닐지라도 주의 말씀이 나를 사로잡았던 그래서 걷잡을 수 없는 회개의 눈물이 흘러나왔던 그때를 생각하며 주 사랑하는 마음 변치 않게 하소서.

사울 한사람을 통해 이방인들에게 복음을 전하셨던 주님, 나 한 사람으로 인해 주변에서 복음이 전해지도록 내가 사용되기를 원합니다. 먼저 나의 고집과 아집을 내려놓게 하시고 주의 능력으로 내 자아에 성령충만의 모습만이 남게 하소서.

평화의 왕으로 오신 주님, 모든 깨어진 관계를 주님의 사랑으로 회복시켜주소서. 우리의 공동체가 나뉘어지지 않게 하시고 그리스도 안에서 한 지체임을 알고 서로를 섬기게 하소서. 주안에서 풍성한 교제가 넘치게 하소서.

경건 가운데 살고자 애쓰는 나를 기억하시는 하나님.

나로 더욱 경건의 능력으로 충만케 하시고 하나님의 선하신 뜻이 나타나게 하소서.

내 모든 삶이 살아계신 하나님을 경외하는 모습으로 인해 세상이 하나님을 알게 하소서.

주님, 나의 환경이 어려울지라도 주님께서 계획하신 또 다른 놀라운 일이 있음을 믿음으로 바라보게 하소서.

또한 어려운 상황으로 인해 저지른 수많은 죄악들을 용서해 주시고 이제 다시는 동일한 죄악들을 반복하지 않게 하소서. 늘 깨어서 성령에 민감케 하시고 주님이 원하시고 기뻐하시는 모습으로 살게 하소서.

기 도

기도할때마다 응답하시는 하나님을 찬양합니다.

내 생활을 자유롭게 못하도록 묶고 있는 결박과 다른 사람들의 어려움을 예수그리스도의 이름으로 끊사오니 주님의 능력으로 역사하셔서 속히 응답하시며 주님 뜻 이루소서.

사랑의 주님, 주를 섬길 때마다 함께 교제하는 동역자들을 보내 주셔서 감사합니다.

그들이 나와 다른 의견일 때 지혜롭게 처신하고 그들을 존중함으로 우리의 모습을 통해 주의 복음이 더욱 능력 있게 전파되게 하소서. 주님, 사역이라는 이름으로 행하는 많은 일들이 정작 주님과 무관한 일이 될까 두렵습니다. 성령의 세밀한 음성을 듣고 주님 뜻에 순종하게 하옵소서.

또한 나의 사역에 적절한 도움의 손길을 예비하시는 주님을 더욱 의지하게 하소서.

참 기쁨이신 예수님, 일상에 지쳐있고 바쁘고 산만한 생활에 익숙해져있는 나를 긍휼히 여기소서.

성령께서 영혼을 살리시고 회복시키시는 것을 내가 먼저 경험하기 원합니다. 그리하여 내 삶이 간증이 되게 하옵소서.

사랑을 가르쳐 주신 주님, 내게 보내신 동역자들로 지체들과 동역하기를 원합니다.

주의 복음을 위해 힘쓰는 자들을 위해 진정으로 기도하며 힘쓰게 하시고 내게 어려움이 있을 때에 주의 뜻을 분별하며 함께 기도하게 하소서.

죽기까지 복종하신 주님, 연약한 자들을 위해 순종한 바울처럼 오늘 내가 처한 상황에서 타협이 아닌 순종하며 낮아져야 할 부분을 보게 하여 주옵소서.

그리하여 정결한 신앙과 거룩함을 지키면서 복음을 위해 포기할 것은 포기하게 하옵소서.

내 삶을 다스리시는 주님

내 삶을 다스리시는 주님!

나를 향하신 주님의 계획을 따라 살기를 원합니다.

주신 말씀에 순종함으로 내게 행하실 기적을 체험하게 하시고 지나간 시간 속에 내게 행하신 일들을 기억하고 감사하고 찬양하는 예배가 끊이지 않게 하소서.

참 만족이 되시는 하나님!

나에게 주신 삶의 모든 것을 사랑하고 감사하게 하소서!

언제나 좋은 것을 주시기에 아까워하지 않으시는 하나님 되심을 믿고 그 사랑 안에 거하게 하소서.

나의 전부가 되신 하나님만으로 기뻐할 수 있게 하옵소서.

나의 작고 제한된 생각으로 살지 않게 하소서.

내게 주신 것에 감사하는 마음과 더불어 그것을 이용할 줄 아는 지혜를 허락하시고 새롭게 여시는 비전을 볼 때 주님께 묻고 판단하며 용기 있게 취하는 자 되게 하소서.

진리의 말씀이 나의 판단과 삶의 기준이 되게 하옵소서. 때로는 나의 고집과 무지로 인해 나의 욕심을 앞세울 때도 있었음을 고백합니다.

말씀 안에서 넉넉한 마음을 나누게 하시고 하나님 뜻에 순종하는 자 되게 하소서.

요즘 저는 남편에게 받은 유산을 정리하며 관리하는 중입니다.

어떤 분은 "어? 그렇게 많은 유산을 남겼어?" 하시겠지만, 맞습니다. 저는 참으로 많은 유산을 물려받은 상속녀입니다.

매일 아침 말씀 묵상 후 무릎 꿇고 기도하던 그가 앉았던 방석, 몇 번씩이나 덧칠해가며 읽던 손때 묻은 성경책, 따뜻한 사랑과 삶의 본으로 신앙의 뿌리를 깊이 내리도록 양육한 아들 서형이와 딸 혜주, 마치 공기처럼 표 나지 않게 나의 마음을 읽어주고 필요를 채워주는 그와 함께했던 친구들, 동역자들, 다양한 영역의 코칭 현장에서 쌓게 해준 실력과 경험들, 아무리 힘들어도 벌떡 일어설 수 있게 해주는 사명을 따라 사는 방법, 돌보아야 할 다음 세대, 생각하고 추억하면 행복해지는 함께했던 시간들, 내게 해주었던 칭찬의 말들, 그가 뿌려놓은 열정의 씨앗들….

남편이 물려준 이 유산들은 쓰면 쓸수록 늘어나고 확장되어 결코 고갈되지 않는 신비한 자원같습니다. 너무나 귀하고 풍성한 유산을 남긴 그의 수고와 사랑이 한없이 고맙고 그것을 이어받게 하신 하나님의 은혜가 감사할 뿐입니다. 무엇과도 바꿀 수 없는 소중한 유산을 남겨준 남편. 그에게 받은 유산을 잘 관리해서 100배의 결실을 맺고 싶습니다.

하지만, 이렇게 다짐을 하면서도 가끔 하나님께 투정을 부릴 때가 있습니다. '하나님, 제게 남편과 함께하는 시간을 조금 더 주셨으면 얼마나 좋았을까요? 평생 은혜의 유업을 함께 하겠다고 약속한 남편을 그렇게 빨리 데려 가시다니요…. 그럴 때마다 떠오르게 하시는 말씀이 있습니다.

> 여호와의 말씀에 내 생각은 너희 생각과 다르며 내 길은 너희 길과 달라서 하늘이 땅보다 높음 같이 내길은 너희의 길보다 높으며 내 생각은 너희의 생각보다 높으니라 (사55:8,9)

저는 아직 하나님의 높으신 생각과 정하신 길을 알 수 없지만 천국에서 예수님과 함께하는 남편은 이제 모든 것을 알고 있겠죠. 언제나 그랬습니다. 제가 보지 못하는 것을 남편은 미리 내다보았고 그가 본 꿈과 비전을 위해 함께 일하자고 저에게 그리고 사랑하는 형제들에게 설명하고 동기부여했습니다.

때로 그런 그의 모습이 안쓰러워 오히려 핀잔과 투정을 부렸던 것이 후회가 됩니다. 좀 더 격려하고 힘을 실어주었다면 남편의 어깨가 보다 가벼웠을텐데요….

유난히 시간을 아까워했던 남편. 세속적인 즐거움에 한눈 한 번 팔지 않은 그가 잠자는 시간조차 아껴가며 하려 했고 해왔던 일들이 무엇인지 이제야 집중해서 생각하고 있네요.

아침마다 기도하던 그의 자리가 비어있는 것이 아직도 어색하지만 그가 덧칠해가며 읽던 성경말씀은 저와 서형이, 혜주의 삶을 채울 것이라 믿습니다.

그리고 그가 너무도 소중히 생각하며 정성을 다했던 다음세대를 위해, 동시에 한 사람의 잠재된 가능성을 끌어올릴 한 바가지의 마중물이 되기 위해 저희 가족 모두 효과적 열정을 이어가겠습니다.

내가 주를 의뢰하고 적군을 향해 달리며 내 하나님을 의지하고 담을 뛰어 넘나이다(시18:29)

남편에게 마지막 순간까지 용기를 주었던 이 말씀을 꼭 붙들고요.

'효과적 열정'의 아내

유옥형